일본을 어떻게 볼 것인가

한·일 경제
새로운 미래를
위한 선택

일본을
어떻게 볼
것인가

이종윤 지음

한국경제신문

머리말

한국 경제는 일본과의 관계를 어떻게 가지고 가야 할까? 이 문제를 풀기 위해서는 기본적으로 두 가지 관점을 염두에 두어야 한다. 첫째는 한국과 일본 모두 시장경제 체제가 튼실하게 뿌리내리고 있어 경제주체들이 시장 기구에 입각해 경제활동을 한다는 점이다. 둘째는 1960년대 이후 한국의 대외 지향적 경제 발전 과정과 사회간접자본 형성 과정에 대일 청구권 자금이 큰 역할을 했을 뿐 아니라 경제 발전에 필요한 자본·기술의 일본 의존도가 높았다는 점이다. 말하자면 한국 경제의 발전 구조 속에 일본적 특성이 크게 투영돼 합리적 경제활동을 하는 한 여전히 일본의 자본과 기술을 필요로 한다는 것이다.

1965년 한 · 일 국교 정상화 이후 두 나라 경제 관계는 최근에 이르기까지 비교적 합리적 보완성에 입각해 윈-윈win-win하는 구조로 발전해 왔다. 일본은 한국의 경제 발전에 맞춰 기자재와 원자재를 한국에 수출함으로써 자국의 산업 구조를 고도화했다. 한국이 일본의 안정된 자본재 시장으로서의 역할을 한 것이다. 한편, 한국도 일본의 자본재와 기술을 이용해 대외 지향적 수출화 정책을 순조롭게 추진할 수 있었기에 수출 증대는 물론이요 산업 구조의 고도화를 실현할 수 있었다.

그런데 1980년대 이후 한국 경제의 발전과 더불어 한 · 일 관계는 제3국에서 점차 경쟁구도를 확대시켜 갔고 최근에 이르러서는 적지 않은 부문에 걸쳐 과당경쟁을 야기해 한 · 일 양국의 교역 조건을 악화시키는 상태로까지 전개되고 있다.

자본주의 경제에서 경쟁 관계는 불가피하며 그 자체가 발전의 원동력이 된다. 문제는 한 · 일의 경우 그 정도가 심하다는 것이다. 그렇게 된 배경을 보면 한국은 기자재와 원자재라고 하는 비교열위 상품을 일본으로부터 수입해 오는 데 반해 비교우위 상품은 일본의 복잡한 유통 구조 등 일종의 비관세 장벽으로 인해 그 우위만큼 수출하지 못해 한 · 일 간 합리적 분업 구조를 형성하지 못했고 결국 제3국에서 과잉경쟁을 야기한다고 할 수 있다.

이러한 관계는 한국 경제의 발전과 더불어 앞으로 더욱 격화될 것으로 예상된다. 따라서 한·일 간에 야기되고 있는 과잉경쟁 구조를 완화 또는 극복하는 것이 정책과제라고 할 수 있는데, 그 방향은 가능한 한 양국 간 수평적 분업 구조를 확대함과 동시에 이 협력 구조의 토대 위에서 한·일이 자원 개발, 인프라 수출 등을 중심으로 제3국에 대한 공동 진출을 확대하는 것이다. 이러한 활동을 확대해 나가면 그만큼 양국 간 과잉경쟁을 완화하게 될 것이다.

이 책은 한·일 경제의 협력적 발전을 기본적인 문제의식으로 하여 그 협력 방안을 모색하고자 지금까지 발표한 글들을 체계적으로 모아 편집한 것이다. 수십 년간 진행해 온 일본 경제 및 한·일 경제관계 연구와 2011년부터 상근책임자로 몸담고 있는 한일산업기술협력재단(약칭:한일재단)[1]과 한일경제협회[2]에서의 경험이 바탕이 됐다.

이 책에는 양국 간 협력 사업을 추진하는 기관인 한일재단과 한일경제협회 관계자 및 이들 기관의 일본 측 카운터파트 기관인 일한산업기술협력재단[3]과 일한경제협회[4] 관계자의 의견도 적지 않게

1_ 한일산업기술협력재단 www.kjc.or.kr
2_ 한일경제협회 http://kje.or.kr/
3_ 일한산업기술협력재단 www.jkf.or.jp
4_ 일한경제협회 www.jke.or.jp

반영돼 있음을 밝힌다. 또한 이 책의 편집에 한일재단 전재용 팀장이 많은 도움을 주었다.

이 시점에서 이 책을 출판하려는 목적은 한·일 간 경제의 협력적 발전이 앞으로 한·일 경제의 발전에 얼마나 중요한지에 대한 문제의식을 널리 알리자는 것이다. 이 책이 양국 경제의 협력적 발전을 촉구하는 데 조금이라도 기여했으면 하는 기대를 가져본다.

일본을
어떻게 볼
것인가

3장
새로운 미래를 위한 선택

4장
하나의 경제권 형성이 답이다

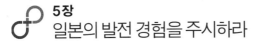

5장
일본의 발전 경험을 주시하라

부록
동아시아 경제공동체와 한·일 FTA

제1장

공생의 활로를 찾다

이웃사촌이란 말이 있듯이 멀리 떨어진 친척보다 가까운 이웃이
많은 이해관계를 가질 수밖에 없고 따라서 중요한 시기에 가까운
이웃의 존재는 매우 중요한 의미를 가진다는 것은 누구나 경험한
일일 것이다. 그것은 개인 간에서만 아니라 국가 간에도 마찬가지
의미를 갖는 경우가 적지 않다. 1950년 한국전쟁이 발생하자 일
본은 패전의 상처를 극복하는 계기로 삼았고 한국도 이웃 일본으
로부터 신속하게 물자를 조달받을 수 있었기 때문에 전쟁의 위기
를 극복할 수 있었음은 분명하다. 그런 의미에서 이웃 일본과의
관계를 어떻게 가져갈 것인가는 우리에게 극히 중요한 요소임이
분명하다.

　일본은 경제대국이다. 일본이 G2에서 G3로 밀려났다고는 하나

경제의 양적 크기만이 아닌 1인당 국내총생산GDP, 기술 수준 그리고 선진 시스템 등을 아울러 고려하면 여전히 G2라고 할 수 있다. 한국은 지금 중진국에서 선진 경제로 진입하기 직전까지 왔다고 할 수 있으나 명실공히 선진 경제로 진입하기 위해서는 일본의 기술, 시스템을 많이 참고할 필요가 있다. 이를 바탕으로 일본 경제와 어떤 관계를 설정하느냐에 따라서 적지 않은 부분에 걸쳐 크게 유리할 수도 있고 크게 불리할 수도 있다. 가공무역 입국을 지향하는 한국 경제에 일본으로부터 소재와 핵심 부품이 원활하게 조달되지 않을 때 한국의 대외수출 활동이 순조롭게 이루어지기 어렵고 해외에서 자원 조달 경쟁을 벌이게 되면 불리한 조건의 수입을 감수하게 되는 경우가 적지 않다.

한·일 경제가 원활한 협조 체제를 구축하게 되면 과당경쟁을 지양함으로써 지금보다 교역 조건을 크게 향상시킬 수 있고, 자원 개발에 한·일이 공동 진출하면 자원의 안전 확보가 가능해진다. 나아가 동아시아를 중심으로 한·일이 공동으로 인프라를 구축하면 지금보다 월등한 경제의 안정구도 위에서 함께 발전해 갈 수 있는 기반을 다질 수 있을 것이다.

일본 경제는 섬유산업의 비교우위 시대로부터 철강, 전자, 자동차의 비교우위 시대를 거쳐 지금은 한국의 압도적인 대일對日 수입량에서 알 수 있는 것처럼 부품과 소재 특히 소재에 강한 비교우위를 보이고 있다. 이러한 일본 경제의 비교우위 구조는 한·일 간에 경쟁을 하면서도 긴밀한 분업구조를 형성하는 기반이 되고 있다고 볼 수 있다. 여하튼 한·일 간에 협력 체제가 확고하게 구축되면 적지 않은 분야에 걸쳐 윈-윈win-win할 수 있는 영역이 존재하므로 한·일 관계를 어떻게 협력 체제로 구축해 갈 것인가에 대해 진지한 노력이 요구된다고 하겠다.

그런 의미에서 우리는 한국 경제의 입장에서 일본 경제와 어떠한 관계를 설정해 왔고 그 결과 한·일 양국 경제가 어떠한 구조적 국면을 조성하고 있으며 나아가 양국 경제관계가 지금보다 한층 윈-윈 관계로 발전해 가기 위해 어떠한 노력이 필요한가를 체계적으로 점검해 볼 필요가 있다고 생각한다.

주지하는 바와 같이 일본은 후발국으로서 가장 먼저 선진 경제에 진입한 국가이다. 유럽이나 미국에 비해 뒤늦게 산업화를 시작했기 때문에 구미와 같은 산업화 모형을 빨리 달성하기 위하여 일본은 강력한 정부 주도로 경제발전을 추진해 나갔다. 이른바, '일본형 발전 모델'의 창출이었다. 그 특징을 보면 '안행雁行 형태론적 발전' 방식이라 명명되고 있는데, 곧 특정 산업을 발전시킴에 있어 처음에는 당해 제품을 수입해 일정 내수 기반이 조성되면 이번에는 당해 산업의 국내 대체화를 추진한다. 국내 대체화 과정에서 산업화에 필요한 자금, 기술 등 일련의 생산요소를 정책에 의해 확보하고 나아가 과점적 경쟁체제를 조성해 수출산업으로까지 발전시킨다. 이러한 산업화를 처음에는 경공업부터 시작해 점차 기자재, 원자재 등 중화학공업으로 확대해 드디어는 '원세트형 산업구조'로 완성시켰다.

한국에서는 1960년대 박정희 정권 출범에 따라 종래까지의 국내 대체화형 정책을 버리고 대외 지향적 가공무역 입국을 추진하게 된다. 한국의 이러한 정책 추진에 대일 청구권 자금이 강력한 매개 역할을 하면서 자연스럽게 일본의 경제발전 구조 속에 편입된다. 일본이 비교열위인 섬유, 잡화류 등 이른바 단순노동집약적 산업을 도입, 수출산업으로 육성하고 그 산업에 투입되는 기자재, 원자재를 일본으로부터 수입하는 구조를 정착시킨 것이다. 한국의 당해 산업 수출이 증가하면 할수록 그 생산 활동에 투입되는 기자재, 원자재 구입은 늘어났다. 한국 수출품이 일본 시장에도 파고들었으나 일본 경제의 원세트형 구조에 부딪혀 수출 증대가 극히 제한된 수준에 그침으로써 결과적으로 대일 역조를 확대시켰다.

이러한 한국의 대일 경제관계가 1970년대 중반부터 시작되는 중화학공업화에서도 한국이 조립품을 생산하고 자본재와 핵심 부품류를 일본에서 수입하는 형태로 추진됨으로써 한국 경제의 일본 의존 구조는 심화됐다. 한국이 자본재, 부품류의 국내 대체를 추진해도 일본이 보다 고도화된 자본재와 부품류를 개발해 수출했기 때문에 지금까지도 여전히 대일 수입 의존 구조에서 벗어나지 못하고 있다.

그런 과정에서 한국은 일본과 유사한 산업구조를 구축하게 되었다. 이에 따라 제3국에서 한·일 제품 간에 과당경쟁이 벌어지는 경우가 많아 교역조건을 악화시키고 있다고 하겠다. 한·일 간의 분업 구조는 1980년대까지는 기본적으로 산업 간, 수직적 분업 구조를 형성했는데 한국의 기술 발전과 더불어 특히 1985년 9월의 플라자 합의에 따라 급격한 엔고円高와 함께 산업 내 분업 내지는 수평적 분업관계로의 전환이 이루어지고 있다. 이와 같은 구조가 확대·심화되면 한·일 경제는 크게 협력의 틀 속에서 경쟁하는 윈-윈 구조를 정착시킬 수 있게 될 것이다.

한·일 경제가 협력의 틀 속에서 경쟁하는 관계가 진전해 사실상 하나의 경제권이 형성되면 유럽연합EU, 북미자유무역협정 NAFTA과 마찬가지로 이 기반 위에서 한·일이 주도해 동아시아 경제공동체로까지 발전시켜 갈 수 있을 것이다. 한·일은 자원 부족 국가로 해외시장 의존적 경제 발전을 추구하고 있으므로 안정된 해외시장의 존재는 한·일 경제 발전의 필수 불가결한 조건이라고 할 수 있다.

따라서 한·일 경제로서는 현재의 양국 간 분업 구조를 가능한 한 지금과 같은 과당경쟁적 소모적 관계를 축소하고 상호 협력이 필요한 산업 내 수평적 분업을 확대·강화하기 위한 다각적인 노력이 요구된다고 하겠다.

한·일 경제 구조의 유사성

① 좁은 국토와 빈약한 천연자원

② 가공무역 입국·자원 및 시장의 대외 의존

③ 자국 內 '원세트형' 산업기지 구축

　• 지진과 쓰나미 다발(일본) 및 북한과의 군사적 대치(한국)로 인해 양국

　　모두 적절한 리스크 분산 필요

④ 구미 시장 의존적 경제 발전 구조

　• 구미 수요 시장 축소로 새로운 활로 필요

한·일은 세계 평균치와 비교했을 때 좁은 국토와 빈약한 천연자원이라는 특징을 가지고 있다. 이러한 제약 조건의 존재로 인해 한·일 양국은 국제 분업 구조를 구축하기 이전에는 상대가격체계가 국제가격체계에 비교해 불균형이 심했고, 한·일은 국제 분업 구조 안에 참여하는 것이 참여하지 않는 경우보다 무역 이익이 커지는 경향이 있었다.

이러한 배경으로부터 한·일 양국은 국제 분업 구조에 적극적으로 참여해 왔고, 한·일 양국에 있어서 중요하면서도 부족한 생산요소인 지하자원의 해외 의존도를 높였다. 또한 식량 등 1차 산품도 상대가격 격차로 인해 수입 수요를 늘렸고 결과적으로 식량의 대외 의존도를 높여왔다.

일본은 지진과 쓰나미 다발로 인해 안정적으로 생산 활동을 수행하기 어렵다는 점이 제약 조건의 하나로 거론된다. 한편 한국은 일본과 같은 자연적 제약 조건은 아니나 지난 천안함 침몰 사태에서도 보는 바와 같이 북한과의 군사적 긴장관계 동향에 의해 안정적인 생산 기반이 언제 파손될지 모른다는 우려를 내포하고 있다. 이러한 점들을 고려했을 때, 한·일 양국 모두 앞으로 안정적인 생산 활동을 지속하려면 사전에 예상되는 문제에 적절히 대응하기 위해 리스크를 분산해야 한다.

한국과 일본은 제2차 세계대전 이후 미국이 주도하는 관세와 무역에 관한 일반 협정GATT 체제 아래의 국제 분업 구조에 편입함으로써 경제를 발전시켜 왔다. 요컨대 압도적인 경제대국인 미국 시장에 의존해 경제 발전을 추구해 왔다고 할 수 있다.

1995년 세계무역기구WTO 체제 발족 이후로도 한국과 일본을 비롯한 동아시아 국가들의 미국 시장 의존적 경제 발전 구조는 큰 변화 없이 유지돼 왔다. 한국의 경우에는 미국 시장 의존보다는 중국 시장 의존도를 높여 왔다고도 볼 수 있으나 중국 경제도 결국은 미국 시장을 통해 발전한 관계로 동아시아 국가의 최종적인 수요처는 미국 시장이라고 할 것이다. 그런데 미국발 금융위기는 미국 경제가 더 이상은 수요처로서의 역할을 못함을 분명히 드러냈다고 할 수 있다. 미국 정책당국은 금융위기에 따라 침체된 미국 경제를 회복시키기 위해 통화의 양적완화 정책을 통해 경기진흥책을 구사하고, 또한 미국달러 가치를 하락시켜 미국의 대외 불균형을 시정하고, 아울러 다양하고 적극적인 방법으로 미국 제품의 해외시장 전개를 지원하고 있다.

그 결과, 동아시아 국가들은 기존 발전구조를 수정해야 했고, 특히 해외 시장 의존도가 높은 한·일 양국으로서는 새로운 활로를 찾지 않으면 안 되게 되었다.

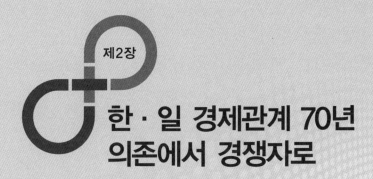

제2장

한·일 경제관계 70년
의존에서 경쟁자로

제2차 세계대전 이후 한·일 간 경제관계는 양적 및 질적으로 많은 변화가 있었다. 1997년 아시아 금융위기, 2008년 글로벌 금융위기와 같은 격심한 세계경제의 변화기를 맞이하는 시점에서 그간의 한·일 경제관계의 전개 방식이 어떤 성격의 것인가를 체계적으로 조명해 보고, 이 분석의 토대 위에서 세계경제의 변화에 적응하기 위해 금후 한·일 간 경제를 어떻게 발전시켜 가는 것이 바람직한가를 논의해 볼 필요가 있다. 이러한 문제의식에 입각하여 규명해 보고자 하는 사항은 다음의 세 가지로 요약할 수 있다.

첫째는 양국 간 경제관계를 의존-경쟁의 관점에서 어떻게 장기적으로 변화되어 왔는지를 파악하는 것이다. 즉, 과거의 일방의 의존형 관계의 전환 과정을 해명하는 작업이다.[5] 둘째는 양국 경제

관계의 분기점이 된 주요 사건을 발전 구조적 측면에서 분석하여 상대방 국가에 대한 영향 구조의 변화를 검토하는 것이다. 셋째는 양국 경제관계에 나타난 특징을 도출하고 이에 대한 평가를 토대로 향후 양국 경제관계 전개의 방향성을 모색하는 것이다. 분석의 초점은 한·일 경제 '관계'가 어떻게 상호 영향을 주고받았는가 하는 점이며, 분석 대상은 무역 및 환율 관계의 변화와 상대방 국가의 산업 구조 관계이다.

이 책은 종전 양국 경제의 특징을 도출하는 데 머물렀던 시각에서 벗어나 상호 간 경쟁관계의 출현 과정에 보다 중점을 둔다. 양국 경제에 나타난 특징들은 각각의 관습, 제도, 환경에 따라 발생한 것도 있지만, 많은 경우에는 경제 발전 과정에서 상대방 국가의 영향을 받아 형성된 것들이기 때문이다. 이러한 시도의 하나로 나가노 신이치로(氷野愼一郎/2008)의 견해는 주목할 만하다. 이 책과 달리 상호 의존적 경제관계의 형성을 식민지기부터 출발하고 있으나, 한국전쟁 특수를 비롯해 일본 경제의 외부 경제로서의 한국 경제의 위치에도 주목했다. 그러나 양국 경제관계의 경쟁형으

5_ 한국 캐치업의 대상으로 일본을 상정했을 경우, 스에히로 아키라(末廣昭/2000)가 제시하는 캐치업형 공업화의 2대 특징, 즉 선발공업국의 기개발 기술 및 지식체계의 이용 가능성에서 유리하다는 점과 공업품은 수입에서 출발하지 않으면 안 된다는 점을 적용하면 의존형 관계의 출발은 당연하다.

로 전환과 이로 인한 경제관계의 협력 방향을 제시하지 못했다는 한계가 있다. 또한 한·일 경제관계의 전환과 관련해 후카가와 유키코(深川由起子/1997)는 1985년 플라자 합의에 의한 엔고(円高)와 글로벌화로 한·일 경제관계가 전환기를 맞았다고 했으며 '전략적 협력'의 생성에 주목한 바 있다. 그러나 1986~1994년이라는 기본적으로 환율과 글로벌화라는 대외적 결정요인이 중요한 시기의 분석에만 집중했다. 따라서 이 책은 양국 경제관계, 특히 무역을 중심으로 한 관계가 상대방 국가의 산업 구조에 어떠한 영향을 주었는가와 더불어 양국 경제관계 자체의 전환을 전후 70년을 대상으로 분석해 상기(上記) 연구들을 보완함으로써 70년 경제관계를 회고하고자 한다.

이후 한·일 경제관계를 상품, 자본, 기술이라는 세 가지 요소의 이동을 통해 개관한 후, 양국 간 경제관계의 장기적 특징을 제시하고 그 토대 위에 향후 양국 경제관계의 방향성을 모색하기로 한다.

한·일 경제관계의 개관

1

무역관계

한·일 무역의 총량은 지난 70년간 지속적으로 증가해 왔다. 1962년 1억 6,614만 달러에서 1971년 85억 달러로, 1981년에는 170억 달러, 1986년에는 230억 달러로 증가했다.[6] 그 뒤 2009년 의 수출입 합계 712억 달러를 거쳐, 최근인 2013년에는 수출 346억 달러, 수입 600억 달러로 합계 946억 달러를 기록하는 데 이르렀다.

　그런데 양국의 무역수지 면에서는 〈그림 1〉에서 보는 바와 같

6_ 日本統計協會·總務省統計局(2006), 日本長期統計總覽.

그림 1 ▋ 한·일 간 수출입 규모와 무역적자 추이

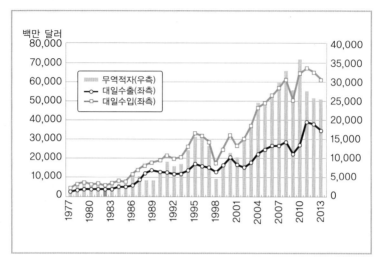

백만 달러

범례:
▓▓ 무역적자(우측)
─o─ 대일수출(좌측)
─□─ 대일수입(좌측)

자료: 한국무역협회 무역통계(http://stat.kita.net/, 2014년 6월 2일 검색).

이 적자 구조가 누적적으로 확대돼 왔다. 특히, 1997년 아시아 금융위기로 인한 한국 경제의 급격한 단기적 침체기를 제외하면 1990년대 이후 경제민주화에 따른 대외 경쟁력의 약화와 더불어 대일 적자폭이 급증하기 시작했다. 한·일 간 무역 총량에서 차지하는 대일 무역적자의 비중이 1973년, 1976년, 1988~1990년, 1998~1999년을 제외하면 20% 이상일 정도다.[7]

한편, 양국 간 경제 긴밀도 지표의 하나라고 할 수 있는 무역

7_ 日本統計協會·總務省統計局(2006), 한국무역협회·한국무역통계

결합도의 장기 추이를 보면, 한국 경제의 빠른 성장과 더불어 그 긴밀도가 약화돼 왔다는 것을 알 수 있다. 한국의 대일(對日) 무역 결합도와 일본의 대한(對韓) 무역 결합도가 1962년에는 양쪽 모두 10이 넘었으나, 1970년대 중반에는 각각 5.00과 6.23으로, 1985년에는 4.24와 4.75로, 2000년대는 2.32와 2.82로 지속적으로 낮아졌다. 이는 무역 측면에서 양국의 관계가 상호 의존형에서 경쟁형 구조로 진화해 왔음을 의미한다.[8]

즉, 1960년대 양국 무역이 공식적으로 재개돼 온 이래, 일본 기업의 간접수출기지로 출발해서 점진적으로 자립형 산업을 구축시켜 온 한국은 일본과 경쟁적인 산업 구조를 형성하게 된 것이다.

자본이동

2000년대 이후 한국 기업의 대일 투자액이 증가하고, 특히 2010년 4월 한국 NHN의 일본 Livedoor 매수에서 보듯이 IT업종과 첨단 부품을 중심으로 일부 한국 기업이 일본 기업을 흡수 혹은

8_ 1980년대 이전과 이후는 각각 출전이 상이하기 때문에 그 강약 판단의 연속성은 없다는 점에 유의할 필요가 있다.

합병하는 사례도 등장하고 있다. 그러나 양국 간 자금 이동의 장기 패턴을 보면 지난 70년간 일본 기업의 한국 진출이 주된 축이었다.

자본이동의 공식적 출발은 1965년 한·일 국교 정상화에 의한 청구권 자금의 유입이다. 1965년 한·일 국교 정상화를 위한 교섭의 하나인 청구권 자금 협상에서는 최종적으로 무상자금 3억 달러, 유상자금 2억 달러, 민간 경협자금 3억 달러의 도입이 결정[9]돼, 1966년부터 1975년에 걸쳐 일본의 청구권 자금과 민간 경협자금이 한국에 유입됐다. 도입된 자금의 산업별 사용처를 보면 무상자금의 54.8%, 유상자금의 56.9%에 해당하는 총 2억 7,789만 달러가 광공업 부문에 사용됐다. 포항제철 건설에 1억 1,948만 달러, 원자재 도입에 1억 3,282만 달러가 투입됐으며, 소양강 댐 건설과 경부고속도로 건설에도 이 원자재 용도의 자금이 사용됐다.[10]

이와 같이 대일 청구권 자금은 한국의 공업화 및 공업화에 필수적인 인프라 조성에 사용된 것이다. 청구권 자금을 포함해 1945년부터 1992년까지 한국에 도입된 공공차관과 상업차관의 총액은 각각 200억 달러 정도에 달한다. 그중에서 일본으로부터 도입

9_ 총 8억 달러는 당시 환율로 2,880억 원에 해당하는 금액이다.
10_ 경제기획원(1976).

된 차관 비중은 상당히 높다. 1966~1972년 평균 공공차관의 22.6%, 상업차관의 27.2%, 1973~1978년 평균 공공차관의 15.0%, 상업차관의 21.7%, 1979~1985년 평균 공공차관의 8.9%, 상업차관의 21.4%가 일본으로부터 도입됐다. 버블 형성기인 1986~1992년에는 일본 비중이 더욱 높아져 공공차관의 26.7%, 상업차관의 45.5%를 일본이 차지했다.[11]

한편, 일본 기업의 한국 진출은 1966년부터 시작돼 건수 기준으로 1970년대 초반부터 급증했다. 〈그림 2〉에서 보는 바와 같이 1970년대 중반에 일시적으로 직접투자 건수는 감소했으나, 1980년대 중반부터는 투자 건수와 금액이 모두 증가하기 시작했다. 1990년대 들어 다소 정체된 모습을 보이던 투자 건수와 투자 금액은 2000년을 넘어서며 10년 간 전반적인 증가세를 보였다.

이는 종래 소규모 제조업 위주의 대한 투자가 대형화하거나, 금융과 같은 비제조업 분야의 투자도 확대됐기 때문이라고 할 수 있다. 또한 한국에서의 외국인 직접투자에서 차지하는 일본 비중도 1966~1972년의 26.9%에서 1973~1978년에는 68.6%, 1979~1985년에는 36.3%로 나타나,[12] 1970년대 한국의 중화학

11_ 도착기준액. 재무부 · 한국산업은행 편(1993)에 의한 계산.
12_ 재무부 · 한국산업은행 편(1993), pp. 121, 178, 237, 289.

그림 2 ▌일본의 대한 직접투자 금액과 건수 추이

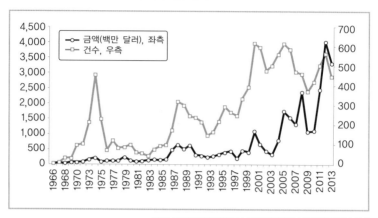

자료: 日本貿易振興機構 日本の直接投資統計/ 산업통상자원부 통계

공업 육성 정책의 전개는 자본재와 관련된 일본 자본의 한국 진
출을 촉발시켰다고 할 수 있다.

기술도입

한국의 기술 도입 건수에서 일본 비중은 차관을 포함한 자본 유
입에서의 일본 비중보다도 높다. 일본으로부터의 기술 도입 건수
와 그 비중은 1966~1972년에는 총 250건으로 전체의 70.2%,
1973~1978년에는 총 484건으로 전체의 57.1%, 1979~1985년에
는 총 1,201건으로 전체의 51.7%, 1986~1992년에는 총 2,110건

으로 전체의 46.7%였다. 예를 들어, 1959년 설립된 해외기술자 연수협회AOTS는 1984~1999년에 한국 정부 파견 기술자 연수라 는 프로그램을 통해 인적 교육으로 기술을 제공하기도 했다.[13]

그런데 이 과정에서 일본으로부터 도입한 기술은 범용성 기술에 한정됐다는 특징을 지닌다. 즉, 첨단 기술의 도입과 기술 이전은 억제됐고, 기술자 연수도 주로 단순한 기능인력이 그 대상이었다. 그 가운데에서도 2000년대 초반 IT 붐에 의한 일본의 관련 기술 인력 공백에 따라 한국인 IT 인력의 일본 진출이라는 새로운 현상이 나타나고 있다. 2000년 한·일 간에 IT협력 이니셔티브가 체결된 것을 계기로, 2007년 기준으로 약 2만 명에 달하는 IT 기술자들이 SI업체를 매개로 일본에서 활동하고 있는 것으로 추산되고 있다. 비록 주로 IT부문에 국한돼 있으나, 기술 도입 및 관련 인력의 일반적인 의존관계로부터 유무상통하는 관계로 진화하는 과정임을 알 수 있다.

13_ 海外技術者研修協會(1990), pp. 21~23.

한 · 일 경제관계 70년의 전개 과정

2

1945~1964년

패전에 따른 일본 기술 인력의 철수와 한국 경제의 혼란

1945년 패전에 의하여 일본인들의 본국 철수가 시작되면서 한국 경제는, 생산설비의 재구축과 운용에 있어 큰 혼란에 빠졌다.[14] 그 이유로 식민지기 동안 핵심 산업에 있어 기술 인력의 일본인 집중도가 높았던 점을 지적할 수 있다. 1944년 기준으로 부문별 기술자 수에서 한국인이 차지하는 비중은 20%에 불과했다. 이를 산업

14_ 패전으로 인해 철수한 일본인 기술자는 약 1만 5,000명에 달한다(나가노 신이치로, 2009, p. 161).

부문별로 보면, 당시로는 첨단 업종이면서 높은 수준의 기술력을 요구하는 중화학공업인 금속업의 한국인 기술자 비중은 11%, 화학은 12%에 불과했다. 즉, 한국인 기술자들은 방적, 인쇄 및 제본, 식료품과 같은 경공업 부문에 상대적으로 집중된 경향이 강했다.[15] 이러한 결과가 초래된 이유의 하나로 식민지기 동안 한국에서 실시된 고등교육의 일본인 집중도에 주목할 필요가 있다. 1942년 말 기준으로 각 급 학교 학생 수는 한국인이 약 17만 명인 데 비해 일본인은 5만 명 수준이었다.[16] 그러나 공립전문학교, 대학교 예과 및 대학교 등 고등교육기관에는 일본인이 한국인보다 더 많이 재학하고 있었다. 이는 고급 기술의 일본인 집중도를 잉태한 원인의 하나로 볼 수 있다.

한국전쟁 특수와 일본 경제의 복구

1950년부터 시작된 한국전쟁은 일본 경제에 전후 복구의 호기(好機)를 제공했다. 한국에서의 전쟁이 일본 경제 부흥의 촉진제가 된 것은 미군 물자의 일본 조달을 통한 외화 수입이 폭발적으로 증가했기 때문이다. 1951년 말부터 주일미군조달부에서 주로 물자나

15_ 朝鮮銀行編, 朝鮮経濟年報, 朝鮮銀行.
16_ 朝鮮總督府編(1942), pp. 210~215.

용역 서비스를 구매하였다.

　1950~1958년까지의 한국전쟁 특수(特需)계약 금액은 총 22억 5,000만 달러에 달했고, 광의의 특수계약은 이보다 더욱 클 것이다. 이 외화는 원자재 구매자금이 되어 일본 경제의 성장에 중요한 역할을 담당했는데, 일본의 총 외환 수취액에서 차지하는 특수계약에 의한 수취 비중이 1951년에 26.4%, 1952년에 36.8%, 1953년에는 38.5%에 달했다.[17] 그 금액은 당시 일본의 총 수출액과 비교할 때 약 60~80%에 버금가는 규모였다.

일본 사양산업의 한국 재배치와 가공무역 입국의 정립

1960년대부터 일본의 수출 구조가 빠르게 중화학공업 중심으로 변화해가면서 경공업 부문은 내수화 혹은 사양산업화하고 이에 따라 섬유 등 경공업의 일부가 그 생산기지를 해외로 이전하기 시작했다.[18] 당시 한국은 1962년 제1차 경제개발계획 5개년 계획의 수출진흥책 일환으로 보세가공무역을 장려하기 시작했다. 그 결과 한국의 부산지역을 중심으로 대일(對日) 보세가공 무역이 시작됐다. 국교가 단절된 상태인 1960년대 초반이었음에도 불구하

17_ 経済審議廳調査部統計課編, 特需に關する統計, 経済審議廳.
18_ 1960년 일본 수출에서 차지하는 중화학공업 비중이 44%였으나, 1970년에는 72%로 급증하게 된다(勞働省, 1980).

표 1 ▌ 한국의 보세가공무역 비중 추이

연도	총수출액	보세가공수출	보세가공수출비중	전년비증가율	연도	총수출액	보세가공수출	보세가공수출비중	전년비증가율
1962	54.8	1.0	1.8	null	1973	3,225.0	703.1	21.8	59.4
1963	86.8	4.9	5.6	80.0	1974	4,460.4	1,064.8	23.9	34.0
1964	119.0	5.4	4.5	9.3	1975	5,081.0	1,101.5	21.7	3.3
1965	175.0	16.3	9.3	67.2	1976	7,715.3	1,578.1	20.5	30.2
1966	250.3	28.8	11.5	43.2	1977	10,046.5	1,760.9	17.5	10.4
1967	320.2	49.7	15.5	42.2	1978	12,710.6	1,608.9	12.7	−9.4
1968	455.4	86.9	19.1	42.7	1979	15,055.5	1,441.7	9.6	−11.6
1969	622.5	130.6	21.0	33.5	1980	17,504.9	1,630.0	9.3	11.6
1970	835.1	152.2	18.2	14.2	1990	65,015.7	5,638.3	8.4	10.0
1971	1,067.6	208.8	19.6	27.1	2000	172,267.5	13,907.3	8.1	13.8
1972	1,624.1	285.3	17.6	26.8	2009	363,533.4	33,614.2	9.2	0.9

자료: 관세청(각 연도), 무역통계연구; 한국은행(각 연도), 경제통계연보에서 작성함.

고 일본에서 원자재를 도입해 보세 및 가공을 통해 이를 재수출하는 무역 패턴이 나타나기 시작한 것인데, 1966년부터 대일 수출 총액에서 차지하는 보세가공 수출의 비중이 10%를 상회하기 시작하고, 1970년대 전반기에는 20% 이상을 점했다(〈표 1〉 참조).[19] 이는 양국 간에 존재하는 임금 차이를 활용하는 국제 분업의 한 형태라고 할 수 있다.[20]

19_ 宋浚(1970), 韓國の保稅加工貿易制度: その運用と手續きおよび槪要, 韓國産業經濟研究所, p.13(원전은 재무부 세관국 자료).
20_ ILO(1970)에 의하면 1970년 당시 한국의 평균임금은 일본의 약 6분의 1 수준이었다.

한 · 일 국교 정상화와 양국 경제관계의 새로운 전개

1965년 한 · 일 국교 정상화는 양국 경제관계의 활성화에 획기적인 전기로 작용한다. 그 지렛대 역할을 한 것은 기술한 바와 같이 대일 청구권 자금이다. 청구권 자금 도입을 신호탄으로 일본으로부터의 기업 유치, 기술 도입뿐만 아니라 각종 민간 차원의 상업 차관이 활발히 전개됐다. 구체적으로 포항종합제철, 소양강 댐 및 경부고속도로 건설도 일본으로부터의 자본재 도입을 계기로 본격화했으며, 나아가 일본의 섬유류 등 노동집약적 기업들이 한국 내 가공을 거쳐 일본으로 역수출하기 시작했던 것이다.

이 무렵부터 한국은 대외지향적 수출 드라이브 정책을 적극적으로 추구하기 시작했는데 이러한 정책이 활발한 대일 수출을 뒷받침했고, 이에 따라 양국 경제관계는 급속히 활성화되기 시작했다.

닉슨 쇼크 및 UNCTAD 특혜관세 창설과 일본의 대한 투자 증대

1973년 8월 닉슨 쇼크로 인해 엔화가 1달러 360엔에서 308엔으로 평가절상됐다. 뿐만 아니라 일본이 유엔무역개발협의회UNCTAD 특혜관세 제도의 공여국이 되면서 개도국으로 분류되는 한국도 그 혜택을 받게 됐다. 엔화의 평가절상과 특혜관세의 영향으로 일본 기업의 한국 진출은 더욱 늘어나기 시작했다. 1969년에 23건이던 대한 투자 건수가 1971년 96건, 1972년 196건, 1973년 315건으로 급증했다.[21]

한국의 중화학공업화와 한 · 일 협력

1973년 한국은 중화학공업화를 선언하면서 중화학공업에 대한 자본투자를 강화했다. 중화학공업에 필요한 기자재와 부품 등 자본재를 일본으로부터 도입하면서 대일 수입은 급증하기 시작했다.[22] 1970년 8억 달러에 불과하던 대일 수입액은 1972년에는 17억 달러, 1974년에는 26억 달러로 증가했고, 1978년에는 59억 달러로 급증했다. 1960년대 이후 일본 수출산업의 중화학공업화가 확대되면서 일본 중화학기업의 수출 경쟁력이 어느 정도 강해진 상태였다는 사실은 관련 기자재 및 부품의 수입처가 일본으로 굳어지는 배경으로 작용했다.

21_ 日本貿易振興機構의 日本의 直接投資統計.
22_ 박영구(2008)는 일본 자본재에 대한 의존도가 높아진 이유는 한국 중화학공업화에 대한 미국의 반대로 미국 자본재 수출이 미미했던 점, 일본 중화학공업이 시장 확대를 추구했던 시기인 점, 한국 기업가들이 일본 자본재에 익숙해 있던 점, 지속적 부품 및 서비스 공급에 유리했던 점 이외에 한국 기술력 성장에 대한 일본의 과소 평가로 인해 한국의 중공업을 일본이 지속적으로 지배할 수 있다는 확신도 있었던 사실에도 주목하고 있다.

일본의 첨단 산업화와 대한(對韓) 수입의 둔화

1973년부터 안정성장기에 들어선 일본은 지식기반형 산업으로의 변화에 주력하기 시작했다. 1970년대 후반부터는 불황 및 사양산업화되던 산업에 ME micro electronics 기술의 도입이 파급되면서 대한 수입의 증가도 둔화되기 시작했다.

1970년대 초반 한국에 진출한 기업들이 일본 내 공장의 ME화가 진전됨에 따라 한국 진출의 강점이 약해졌기 때문이다. 뿐만 아니라 1970년대 주력 대일 수출 상품인 섬유류의 경우, 1978년 37.9%의 일본 시장 점유율을 기점으로 그 비중이 하락해 1983년에는 23.9%까지 감소했다.[23] 결과적으로 1979년 33억 달러까지 증가하던 한국의 대일 수출도 1980년부터 1982년 사이에 감소하게 된다.

1985~1996년

플라자 합의와 한 · 일 경제관계의 새로운 전개

1985년 플라자 합의는 한 · 일 경제관계의 새로운 전개를 유도했다. 즉, 엔화의 급격한 평가절상으로 인하여 한국 기업의 수출 경

23_ 이종훈 외(1986)

그림 3 ▎ 원-달러, 엔-달러 환율의 장기 추이(월 평균 기준)

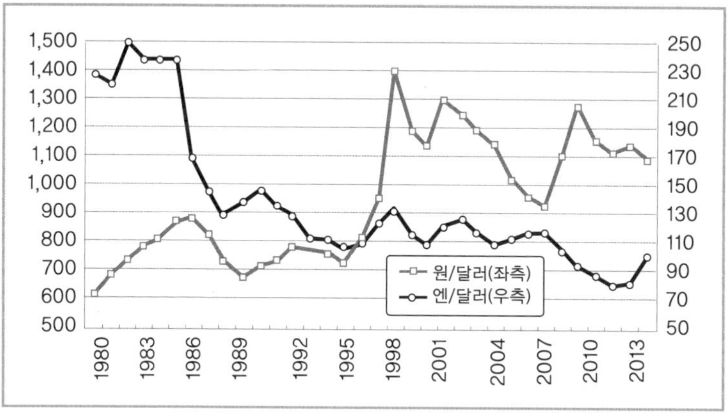

자료: 한국은행 경제통계시스템(http://ecos.bok.or.kr/)에서 작성

쟁력이 상대적으로 상승함에 따라 전후 처음으로 한국은 1986년
부터 1989년까지 경상수지 흑자를 기록했다.

　이를 기점으로 해외시장에서 한국 기업과 일본 기업이 경합하
는 관계가 부분적으로 출현하기도 했다. 그러나 당시 일본의 버블
경제가 1991년 붕괴됨에 따라 양국 경제관계는 냉각기를 맞았고,
일본에서의 대한 수입 수요는 상대적으로 감소하기 시작한다.

1995년 미국의 엔저(円低) 용인과 대일 무역역조의 확대

1995년부터는 버블경기의 후유증으로 불황이 장기화 조짐을 보
이던 일본에 대해 미국은 엔저를 용인하기 시작했다(〈그림 3〉 참

조). 1995년부터 엔-달러 환율의 상승이 이뤄졌는데, 이 영향으로 한국의 무역수지는 흑자에서 적자로 반전했고, 양국 무역에서도 대일 무역적자가 급격히 확대되는 시기를 맞았다. 이러한 한국 무역수지의 적자는 자본 유입으로 충당됐으나, 이를 유지하지 못하고 1997년 아시아 금융위기를 맞는 요인의 하나가 된다.

1997년 이후

아시아 금융위기와 일본 자본의 한국 철수

1997년 12월 금융위기를 맞아 한국의 국가 신인도가 추락하자 일본 자본이 한국에서 대거 철수하기 시작했다. 일본 자본의 철수는 구미(歐美) 자본의 철수로까지 파급되었고 한국이 국제통화기금IMF에 구제 금융을 신청하는 신호탄 역할을 했다. 한국 기업에 단기 자금을 대출한 일본의 은행들은 1997년부터 2002년까지 꾸준히 여신 잔액을 줄였고[24] 한국에서 공장 자체를 철수하는 사

24_ 일본 자본의 철수는 2002년까지 지속되었다. BIS 자료(BIS Banking Statistics)에 의하면, 일본 민간 은행의 대한(對韓) 여신 잔액은 1996년 257억 달러에서, 1997년 212억 달러, 1998년 181억 달러, 1999년 136억 달러, 2000년 110억 달러, 2001년 107억 달러 수준으로 감소했다가, 2002년부터 다시 증가하기 시작한다. 2009년 말 현재 잔액은 329억 달러 수준을 기록하고 있다.

례까지 발생했다. 이 와중에 일본은 1998년, 금융위기를 맞고 있는 아시아 국가들에 총 300억 달러 규모의 차관 제공 용의를 밝히는 신미야자와(宮澤) 구상을 발표하는 한편, 동아시아 경제 협력의 추진을 밝힘으로써 나름대로 한국을 위시한 동아시아의 금융위기를 극복하려는 노력을 한 것도 사실이다.

한국 대기업 집단의 구조조정과 새로운 경쟁관계의 출현

1997년 금융위기를 계기로 한국의 대기업집단은 대규모 구조조정을 단행했고, 반도체 등 전자산업과 자동차 부문에서 빅딜이 이루어진 결과, 이른바 기존의 과잉설비 상태를 선택과 집중을 통한 경쟁력 강화로 전환하는 발판을 마련했다.

이를 통해 수출 경쟁력을 강화한 한국의 반도체, 휴대폰, 자동차 기업들이 일본을 제외한 해외시장 점유율을 높이면서 한국과 일본 기업 사이에는 경쟁 관계가 나타나기 시작했고, 이 과정에서 새로운 협력관계도 출현했다.

예를 들어, 2005년 한국의 LG전자와 일본 마쓰시타전기 사이에 발생한 특허권 침해 공방에서 도출된 상호 특허공유cross-licensing 사례나 삼성전자와 Sony 간 액정패널 공동 공장 건설 사례 등이 그것이다. 이 새로운 현상들은 양국 간 분업 구조가 종래의 수직 분업 일변도에서 수평 분업으로 전환되기 시작했음을 말해준다. 상호 경쟁과 협력을 통해 효율적 생산을 확대하기 위해 수평 분업을 확대하는 한편, 새로운 상품의 공동 개발을 통해 시장 자체를 키우는 유인이 생기기 시작한 것이다.

엔캐리 트레이드, 글로벌 금융위기, 그리고 새로운 국면

2003년부터 2007년까지 한국의 원화는 상대적으로 강세를 기록하는 한편, 1999년부터 제로금리 정책을 취했던 일본에 비해 금리도 월등히 높았다.

따라서 2003년부터 경기 회복기에 들어선 일본으로부터 금리 및 환차익을 노린 캐리 자금이 유입되기 시작했다.[25] 그러나 2008년 리먼브러더스 사태로부터 촉발된 글로벌 금융위기의 영향으로 한·일은 물론 세계적 불황이 시작된다. 금융위기로부터의 안전망 구축을 위해 2008년 12월에는 양국 간에 30억 달러 규모이던 통화스와프 규모를 300억 달러로 늘리는 한편, 2009년부터는

25_ 엔캐리 거래는 엔화를 차입해 상대적으로 고금리 통화에 투자하는 거래를 통칭하기 때문에 투자 대상 통화에 따라 여러 가지 경로로 나누어 볼 수 있다. 예컨대, 엔화를 차입해 달러화에 투자할 수도 있고 원화에 투자할 수도 있기 때문에 국내에 유입된 엔캐리 거래 자금의 정확한 규모를 추산하는 것은 매우 복잡하며, 통계상 집계의 어려움으로 인해 현실적으로 불가능에 가깝다(이윤석, 2007). 한편, 2007년 8월 한국은행은 국내에 유입된 엔캐리 자금은 최대 289억 달러 정도로 당시 외환보유액의 10%를 웃도는 규모로 추정한 것으로 알려져 있다(신용상, 2007).

이를 동아시아로 확대한 총 1,200억 달러 규모의 치앙마이 이니 셔티브CMI:Chiang Mai Initiative 다자화가 성립되었다. 이를 통해 한·일 경제는 양국만의 협력이 아닌 동아시아의 틀에서 협력 관계의 확산을 창출하는 관계로 그 역할을 지역적 차원으로 확대하기 시작했다.

한 · 일 경제관계의
구조적 특징과 평가

3

한국 경제의 외부경제로서 일본 경제와
대일 수입 증대

한국 경제의 발전 과정에서 일본 경제는 한국 경제 외부경제로서
의 역할을 해 왔다고 할 수 있다. 1960년대 경공업 중심의 경제
발전, 1970년대 이후의 중화학공업 육성 정책에 있어 일본은 기
계와 부품의 주요 공급원이었다.

　곧 한국의 경제 발전 과정에서 특정 산업 부문을 국내 대체화
함에 있어 초기 단계에서는 국내에서 생산 가능한 것만 생산하고
나머지는 주로 일본에서 도입하는, 말하자면 일본 경제를 외부경
제로 활용하는 방식을 택했기 때문에 한국의 경제 발전과 더불어

자연스럽게 대일 수입이 늘어나게 된 것이다.

일본 경제의 비관세 장벽과 대일 수출 부진

일본은 1970년대 집중호우식 수출로 인해 구미 국가들과 여러 산업에서 통상마찰을 빚었다. 마찰의 주된 논점은 관세가 아닌 관행적으로 존재하는 비관세 장벽이었고, 그로 인해 한국의 대일 수출도 수입에 비해 부진했던 것이 사실이다. 일본에는 장기간에 걸쳐 내외 가격차가 존재해 왔다. 이는 보이지 않는 비관세 장벽의 존재를 의미하며, 따라서 한국의 대일 수출 증가율은 일본의 경제성장 속도와 비교해 볼 때 상대적으로 낮은 수준이었다고 할 수 있다.

특히, 비관세 장벽이 강하게 나타나는 것은 소비재 분야다. 생산재의 경우에는 양국 간 분업의 확산으로 필요에 의해 수출입이 발생하는 구조였으나, 공정 간 분업을 동반하지 않는 소비재는 비관세 장벽으로 대일 수출이 상대적으로 부진할 수밖에 없는 구조다.

일본 경제의 간접 수출기지로서 한국 경제

1970년대 일본의 대미 무역흑자 증대에 따라 야기된 무역마찰을
회피하기 위해 일본 기업들은 한국을 간접 수출기지로 활용하기
시작했다. 1970년대부터 급격히 증가한 일본의 대한 직접투자 증
가가 이를 방증하고 있다. 한국 노동자의 저임금을 활용하는 점
외에, 구미와의 무역마찰을 회피하기 위해 한국을 간접 수출기지
로서 주목했다. 1970년대 후반부터 한국의 대미 수출이 급증한
것은 이러한 측면도 작용한 것이라고 볼 수 있다.

물론 1980년대와 1990년대에는 동남아국가연합ASEAN과 중국
이 그 역할을 대체하는 경향이 강해지기는 했으나, 이러한 간접
수출기지로서 한국 경제의 존재가 일본에는 기회이기도 했던 점
은 부인하기 어렵다.

일본 경제의 폐쇄성과 한 · 일 경제의
경쟁적 산업구조

일본 내수 시장의 폐쇄성과 일본 특유의 제도 및 관행의 존재는
한 · 일의 산업 구조를 보완적 관계보다는 경쟁 관계로 전개시켰

다. 만일 일본 내수 시장이 개방적이었다면, 한국 경제는 일본에서 도입한 기계 및 부품을 가공 조립하는 형태의 패턴을 지속시켜 갔을 것이다. 그런데 폐쇄적인 내수 시장의 존재로 말미암아 한국 기업들은 독자적으로 일본 외의 타국 시장에 완성품을 수출하는 구조를 구축하면서, 양국은 경쟁 관계에 있는 산업을 다수 보유하게 됐다.

예를 들어, 조선, 반도체, 가전, 자동차 등은 일본이 해외시장을 선점한 후에 한국 기업들이 일본과의 경쟁 관계에 돌입했던 대표적 산업이라고 할 수 있다.

한·일 경제의 상대적 축소 균형

장기적으로 양국 경제의 상호 관계는 상대적 축소 균형의 과정에 있다고 할 수 있다. 무역부문에서 한국의 총 수출에서의 대일 수출 비중은 1989년부터, 대일 수입 비중은 1986년부터 각각 지속적으로 감소세에 있다(〈그림 4〉참조).

그 이유의 하나로 부정할 수 없는 것이 중국 경제의 성장이다. 1978년 중국의 개혁·개방에 이은 1990년대 이후의 고도성장으로 인해 한국은 물론 일본 기업의 중국 진출이 급격히 증가하면

그림 4 ▌ 한국 총 수출 및 총 수입에서의 일본 비중 추이

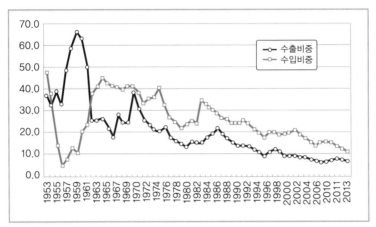

자료 : 대한민국통계연감, 무역협회

서 동아시아 전체의 역내 무역도 급증했다. NICs(신흥공업국)+중국
+ASEAN4+일본의 역내 무역 비중은 1980년 33.6%에서, 1990년
41.6%, 2000년 50%, 2008년 53.8%로 NAFTA를 능가하고 있으
며, EU에 근접하고 있다.[26] 이 과정에서 필연적으로 한·일 간 직
접무역의 비중은 감소할 수밖에 없는 구조라 할 수 있다.

또 하나의 요인으로 위에서 지적한 한·일 경제의 경쟁 관계

26_ 2000년까지는 渡辺利夫編·日本總合硏究所調査部著(2005), P. 8의 계산, 2008년
은 IMF, Direction of Trade Statistics에 근거한 필자 재계산. 2008년 NAFTA의 역내
무역 비중은 41.9%, EU는 65.0%로 나타났다. 1990~2008년의 18년간 역내 무역 비
중의 증가폭은 NAFTA가 0%, EU가 0.9%인 데 비해 동아시아는 12.2%나 증가했다.

의 강화도 무시할 수 없다. 일본 내수 시장의 폐쇄성으로 말미암아 한국이 해외시장에 완성품을 수출하면서 강화된 양국 산업의 경쟁 관계 심화는 양국 무역 비중의 상대적 축소 균형을 유발시킨 것이다. 양국 모두가 중국 및 ASEAN을 매개로 한 산업 내 국제 분업을 강화시키면서 양국 간 산업 내 직접무역의 비중은 감소했다.

제3국 시장에서의 과당경쟁 구조와 교역조건의 악화

양국은 경쟁적 산업 구조의 형성으로 인하여 제3국 시장에서 상품 시장을 둘러싼 경쟁 관계가 경우에 따라서는 과당경쟁으로 이어지면서 교역 조건의 악화를 경험하기도 했다.

　자동차의 경우 한국 자동차의 시장 점유율이 높아지면서 일본 자동차와 중첩되는 라인업이 생기고 상호 경쟁이 과다하게 이루어지면서 동일한 자동차 가격이 국내보다 미국에서 더욱 하락하는 현상이 자주 발생했다. 이는 말할 것도 없이 제3국 시장에서 양국 간 과당경쟁의 산물이라고 할 수 있다.

한·일 경제관계의 평가

이상과 같이 한국과 일본 양국은 환율 등 상대방의 경제 환경 변화에 상당히 민감하게 반응해 온 결과, 상호 의존형 체질이 됐다. 이후 일방적 의존 구조에서 보완 관계로, 경우에 따라서는 경쟁 관계로 발전해 왔다.

즉, 한국은 일본으로부터 초기 설비와 자본을 도입하면서 외부 경제로서 일본 경제의 영향력이 작지 않았던 한편, 일본은 무역 마찰이라는 장벽을 한국을 간접 수출기지로 활용하면서 타개하기도 했다. 그러나 기술력의 격차 이외에 일본 내수 시장에 존재하는 비관세 장벽과 배타적 거래 관행이 양국 무역을 일방적인 적자 기조로 고착시켰고, 이에 따라 한국 기업은 제3국 시장에 보다 집중하면서 양국 간에 경쟁적인 산업이 다수 출현했다는 해석도 가능하다.[27]

이러한 한·일 경제관계의 특징이야말로 양국 간 협력적 경쟁 관계의 필요성을 요구한다고 할 수 있다. 즉, 새로운 시장의 창출과 확대를 위해서는 양국이 협력하고, 그 속에서 경쟁을 유지함

---

[27]_ 이는 일본 내의 시장 특수성을 간과한 채 경쟁형 한·일 경제관계의 전환을 분석한 深川由起子(1997), pp. 93~99 및 산업 내 무역의 증가 현상에만 주목한 渡辺利夫編·日本總合研究所調查部著(2005), pp. 298~309와는 다른 시각이라고 할 수 있다.

으로써 효율적인 상품 생산이 가능한 것이다. 단순한 경쟁 관계의 격화는 새로운 시장의 확대가 아닌 축소를 유발할 가능성도 있으며, 보완 관계만의 유지라면 상품의 효율적 생산이 불가능해 양자 모두의 지속 가능한 발전이 어려울 수 있기 때문이다.

한·일 경제관계의 새로운 협력 방향

4

한·일 경제의 기본 흐름은 의존 관계로부터 경쟁 관계로 진화해왔다. 그런데 이 상태를 방치한다면, 과당경쟁에 따른 교역 조건의 악화에서 보는 것처럼 양국의 후생 증가에 불리할 수도 있다. 다행히 2000년대 이후 첨단 기술의 개발 과정에서 개발비 증대나 개발 리스크의 회피를 위한 차원에서 양국 기업 간 협력 사례가 증가하고 있다.

특히, 양국은 새로운 수요 시장의 창출과 과잉 설비가 존재하는 분야에서는 협력이 필요하다. 수요 시장이라는 파이를 키우기 위한 첨단 상품의 공동 개발, 산업 내 분업이 확산되는 가운데 과잉 설비가 존재하는 부문의 조정이 그 예라고 할 수 있다.

다행스럽게도 IT분야를 중심으로 한국 기술력의 상승에 따라

양국 간 기술 갭은 축소돼 가고 있기 때문에, 기술 협력의 전제조
건은 상당 부분 구축됐다고 볼 수 있다.

또한 무엇보다도 미국 경제의 상대적 약화와 더불어 동아시아
국가들의 미국 시장 지향적 성장 방식이 더 이상 통용되기 어렵
게 되어 새로운 성장모델의 구축이 강하게 요구되고 있다.

이러한 요구를 충족시킬 수 있는 새로운 발전 틀은 다름 아닌
동아시아 경제공동체의 강화다. 1998년 일본의 아시아통화기금
AMF 구상, 2000년 치앙마이 이니셔티브CMI, 2003년 아시아 채권
시장 이니셔티브ABMI 등에서 보는 바와 같이 동아시아에서는
1997년 아시아 금융위기를 계기로, 특히 금융 분야에서의 협력
관계가 강화되고 있다.

비록 과도한 환차손 때문에 중단 상태에 있으나, 2004년과
2006년에 한국 재경부와 일본 재무성은 한국 중소기업의 공동 채
권 발행[28]과 그 유동화에 협력한 바 있다. 경제 발전과 각종 제도
화 정도에서 양국은 동아시아 국가들보다 유사하기 때문에, 양국
의 경제 통합에 대한 협력이 역내 확산을 유도하는 데 유리한 조
건을 갖추고 있다. 이 협력의 역내 확산을 통해 시장이라는 파이

28_ 엔화표시 채권으로 발행됐는데, 2008년 이후 엔화가치 상승에 따른 환차손. 중소기업
들의 대부분은 환차손에 대비하지 못했다.

pie를 키우는 작업이 필요하고, 대상은 경제 성장이 가장 빠른 동아시아 지역이라고 할 수 있다.

그러나 이 수준에 머물러서는 안 되고, 소기의 기대를 충족하기 위해서는 그 협력 수준을 지금보다 월등히 강화·확충시켜야 한다. 이를 위해서는 강력한 추진 주체가 필요하며, 역내에서 한·일은 경제 발전 단계나 경제 규모 및 국민경제적 조건에 비추어 추진 주체를 맡기에 충분하다.

한·일이 그 추진 주체로서의 역할을 강력하게 수행해내기 위해서는 양국 간에 먼저 FTA를 체결하는 것이 선행돼야 할 것이다. 한·일 FTA가 체결되면 기술한 바와 같은 과당경쟁에서 오는 교역 조건의 악화 문제가 해결될 수 있을 뿐만 아니라 경쟁 과정에서의 자원의 합리적 배분, 규모의 경제 효과 증대 등을 실현함으로써 양국 경제에 긍정적 효과를 가져온다.

이 기반 위에서 양국은 상호 절실한 필요에서 동아시아 경제공동체 형성에 박차를 가하게 될 것이다.

즉, 한·일 FTA는 상호 비능률 부문의 제거라는 측면에서 접근할 필요가 있다. 한국 상품에 대한 일본의 관세 수준이 상당히 낮기 때문에 비록 단기적으로는 한국의 대일 무역역조가 심화될 것으로 예상되나, 중장기적으로는 양국에 존재하는 비능률 부문의 제거가 가능하기 때문에 양국 모두 후생 증가에 유리한 측면이 있다. 보다 근원적 필요성은 한·일 FTA의 시그널 효과에서 찾을 수 있다. 치열한 경쟁이 전개되고 있는 상황에서 양국 간 FTA는 생산요소의 최적 결합 유인을 가져와 다양한 분야의 교류를 확대시킬 가능성이 크며 이 과정에서 새로운 협력 분야 창출을 기대할 수 있다.

한·일 양국은 그간의 발전과 협력의 토대 위에서 중국을 포함하는 동아시아 경제공동체 형성을 위해 공동으로 노력하는 것이야말로 향후 한·일 양국의 안정적 발전을 위한 최선의 방향임을 인식할 필요가 있다.

제3장

새로운 미래를
위한 선택

한·일 관계 이대로 좋은가

1

한국과 일본이 역사와 영토 문제로 적지 않은 갈등을 겪고 있다. 과거에는 이러한 갈등이 정치가들을 중심으로 일시적으로 발생했다가 곧 사라지곤 했는데 최근에는 갈등의 골이 양국 국민 감정으로까지 파고들어 쉽게 치유되기 힘든 지경까지 치달아 매우 불안한 상태이다. 이 상태를 방치하면 양국 경제에 모두 마이너스가 될 것이고 그 피해는 우리의 일상생활에도 미칠 것이다.

한·일 간의 갈등을 풀기 위해서는 역사와 영토라는 정치 문제와 경제 문제를 분리하는 이분법적인 접근 방법이 요청된다. 곧 역사, 영토 문제는 단시일 내에 해결하기가 쉽지 않으므로 이 문제는 전담기구를 설치해 중장기적으로 해결을 모색하고 이른바 일상의 먹고사는 문제인 경제 문제는 역사·영토 문제와 분리해 합리주의에 입각하여 하나하나 각 사안에 적합한 해결책을 모색하는 것이 필요하다고 하겠다.

정치는 그 핵심이 국민의 경제생활을 편안하고 풍요롭게 하는 것이라고 할 수 있으므로 한·일 양국의 국민 생활을 풍요롭게 하기 위해서 쉽게 해결하기 어려운 역사·영토 문제와 합리적인 조정이 상대적으로 용이한 경제 문제를 분리해 접근하는 것이 정치의 본질에도 부합한다고 할 수 있다.

그런 기본적인 인식 하에 한·일 양국이 윈-윈할 수 있는 경제적 합리성을 모색해 보기로 한다.

정치는 정치, 경제는 경제

* 새누리비젼 2014.5월호 인터뷰 (전략)

2

▶**기자**_ 한·일 관계가 그 어느 때보다도 냉각기입니다. 한·일 양국의 경제 교류에 어떤 영향을 미치고 있는지 궁금합니다.

▶**이종윤**_ 물론 양국 관계가 원만하면 경제도 더 활기를 띠는 것은 사실입니다. 하지만 경제라는 것은 양국 국민에게 있어서 필요불가결한 존재이기 때문에 양국 관계의 악화 속에서도 경제적·산업적 협력은 꾸준히 유지되고 있습니다.

현재 한·일 관계와 중·일 관계의 경색이라고 하는 정치적 환경이 경제 환경에까지 일부 영향을 주고는 있습니다만, 머지않아 정치적 환경도 좋은 방향으로 바뀔 것으로 봅니다. 한·일 양국의 동반 발전을 위해 할 수 있는 일이 아주 많습니다.

▶**기자**_ 이종윤 부회장께서는 한국의 대표적인 대일(對日) 민간 외교통이십니다. 이러한 정치적 문제를 어떻게 해결해야 하는지 고언(苦言)을 해주신다면?

▶**이종윤**_ 정치적인 문제에 대해서 제가 시원한 답변을 드릴 수 있는 처지는 아

닙니다만, 제 생각을 간단히 말씀드리면 정치 문제와 경제 문제는 분리해서 생각하지는 겁니다. 경제라는 것은 결국 먹고사는 문제이므로 어떠한 정치적 상황 하에서도 안정적으로 발전시켜 나가야만 합니다.

그리고 경제 발전을 위해서 한·일 경제 협력이 양국의 발전에 얼마나 중요한 지에 대한 이해를 높여나가는 노력이 필요합니다. 역사 문제나 영토 문제 등 정치적 문제를 너무 서둘러 해결하려고 하면 오히려 더 꼬이기 쉬우므로 원칙적인 입장은 견지하면서도 다각적인 채널을 가동해 상대의 입장을 고려하면서 점진적으로 접근할 필요가 있다고 생각됩니다.

한·일 양국 간에는 여러 가지 이해 문제가 얽혀 있는데, 그중에서 위안부 문제나 독도 문제는 결코 소홀히 다뤄서는 안 됩니다. 하지만 이러한 문제와는 별도로 양국 간에 얽힌 경제 문제를 풀어감에 있어서는 보다 합리적인 대처가 필요하다는 점을 이해해주셨으면 합니다.

예를 들어 중국에서 황사가 오면 한·일 양국이 다 같이 피해를 보지 않습니까? 경제도 마찬가지입니다. 경제적 위기 상황을 극복함에 있어서는 두 나라의 협력이 필요한 경우가 적지 않습니다. 정치 문제는 확고한 원칙을 견지하면서 중장기적으로 풀어나가되, 경제 문제에는 철저한 경제적 합리성에 입각해 양국 간의 협력 관계를 강화해 나가는 노력이 필요하다고 하겠습니다.

제3국에서의 협력 늘려 나가야

3

한·일 경제는 산업 구조가 유사하여 제3국에서 과당경쟁을 벌이는 경우가 적지 않게 목격된다. 베트남과 아랍에미리트에서의 원자력발전소 수주 경쟁이 대표적이며, 그 결과 양국은 다 같이 상처뿐인 영광을 안았다.

가공무역 입국을 통해 경제 발전을 추구하는 한·일 경제는 다른 국가보다 자원의 안정적 확보 및 경제성 확보가 요구된다. 여기서 말하는 자원의 경제성 확보란 자원 구입 시 구입량이 적정 규모 이상이 되면 바게닝 파워를 발휘해 원자재 구입 단가를 낮춰 당해 생산제품이 가격 경쟁력을 갖도록 하는 것이다. 경제성 확보란 또한, 해외 자원보유국의 자원 개발에 참여하는 경우 개발한 자원의 수요 확보를 통해 채산성을 맞추는, 다시 말해 사업

성까지 확보하는 것을 의미한다. 이러한 일련의 경제성 확보를 위해서 한·일의 협력이 필요한 경우가 적지 않다.

나아가 인프라 공동 개발 및 플랜트 수출에서 한·일이 협력하게 된다면 리스크 분산 및 한·일 양국이 가진 비교우위 요소 활용을 통해 효율적 추진이 가능해질 것이다.

이상에 걸쳐 경제 발전적 차원에서 한·일 협력이 왜 필요한지에 대해 간단히 살펴보았는데, 이 중에서도 한·일 기업인에 의한 제3국 공동 진출은 양국 경제에 극히 중요한 일로 판단된다. 한·일이 제3국 공동 진출을 확대해 나가면 지나친 경쟁을 완화하는 것은 물론 그만큼 교역조건을 개선하는 효과를 얻을 수 있을 것이다.

공동 진출 지역으로 최근에 특별히 주목받는 곳이 미얀마다. 이곳 미얀마에서도 한·일 양국은 현재 경쟁적으로 인프라 사업을 벌이고 있으며 경제특구 개발을 진행 중이거나 계획하고 있다. 그런데, 경제특구만 해도 양국의 ECA(공적수출신용기관) 자금을 집결시키고, 상호간 비교우위를 결합해 공동으로 추진하면 효율적이고 안정적인 개발이 가능하다.

특구 개발 후의 입주 기업 유치에도 유리할 것이다. 공동 개발에 이은 입주 기업 공동 유치를 통해 더 많은 기업을 유치할 수 있고, 이는 경제특구의 경제적 활용을 실현시키게 될 것이다. 개발된 경제특구의 이용도가 낮으면 특구 건설에 투입한 자본비용을 충분히 보상받지 못함은 말할 필요도 없다. 다수의 한·일 기업 입주를 통해 제조업 분야에서의 한·일 간 협력으로도 발전이 가능하다. 또한 경제특구에서의 협력을 바탕으로 물류 인프라, 신도시 개발, 농장 개발, 에너지 개발로 협력을 확산시킬 수 있고, 미얀마 진출 기업을 위한 기술인력 확보 및 육성과 의료 인프라 구축도 공동 진행이 가능하다.

한국과 일본 모두 경제 침체를 극복하기 위해 새로운 활로를 모색하고 있다. 이러한 때에 한·일 양국 기업이 정부의 강력한 지원 아래 제3국 공동 진출을 확대시켜 나간다면 여러 측면에서 한·일 경제에 플러스 효과를 낼 것으로 기대된다. 경제 발전 구조가 비슷하고 서로 인접해 있는 한·일 양국은 '지나친 경쟁은 부정적 효과를 낳고, 적절한 협력은 긍정적 효과를 발생시킨다'는 점에 유의하면서 협력 확대를 위해 다각적인 노력을 경주해야 한다.

인도네시아 동기세노로 프로젝트

(한경닷컴 기사 / 2013.1)

한일산업기술협력재단, 한일경제협회와 일한산업기술협력재단, 일
한경제협회는 2013년 1월 20일부터 25일까지 '제3국 프로젝트 발
굴을 위한 조사단'을 인도네시아와 태국에 파견했다. 50여명으로
구성된 조사단은 공장 방문과 주재원들과의 교류회 등을 통해 아세
안(동남아국가연합) 시장에 공동 진출하는 방안을 찾아봤다.

인도네시아 자카르타 인터콘티넨탈호텔에서 이종윤 한일경제협회
부회장과 고레나가 가즈오 일한경제협회 전무이사는 대담을 갖고
한 · 일 경제 협력 전망 등을 논의했다. 40년 이상 학계와 업계에서
활약해온 두 전문가는 "21세기는 아시아의 시대로 한 · 일 양국이
손을 잡고 글로벌 경제를 이끌어 가야 한다"고 의견을 모았다.

한 · 일 기업이 공동으로 대규모의 '제3국 프로젝트 발굴을 위한 조사단'
을 동남아에 파견한 것은 이번이 처음이다. 현지를 둘러본 소감은.

▶고레나가 가즈오 일한경제협회 전무 = 두 나라 근로자들이 열대의 폭
  염 속에서 구슬땀을 흘리며 열심히 함께 일하는 모습을 보고 감명

을 받았다. 한·일 경제 협력 확대에 큰 의미가 있는 사업이다. 양
국이 협심해 젊은 인재들을 공동 육성해야 한다. 젊은이들을 현장
에 파견해 경험을 쌓게 하는 게 필요하다.

▶이종윤 한일경제협회 부회장(사진 오른쪽) = 한·일 경제의 협력 필요
성을 다시 한번 인식하는 계기가 됐다. 인도네시아에서 LNG 채굴
사업이 계획보다 순조롭게 진행돼 만족스럽다. 두 나라의 향후 자
원 개발 사업에 큰 전기가 될 것으로 기대한다.

동기세노로 LNG 프로젝트 사업 의미는.

▶고레나가 전무 = 단순한 자원 개발뿐 아니라 인도네시아 경제와 지
역 사회 발전에 기여한다는 데 의미가 크다. 공사 현장 인근 마을

의 도로 및 주택 개량 등에 힘을 쏟아 지역 주민들의 삶의 질 개선에도 이바지하고 있다. 자원 개발과 인프라 건설, 그리고 기업의 사회적 책임CSR 활동이 함께 조화를 이룬 사업이어서 현지인들의 반응이 매우 좋은 것 같다.

▶이 부회장 = 동기세노로 프로젝트는 순수 아시아 자본이 참여한다는 점에서 의의가 크다. 세계 각지에서 진행 중인 원유 시추사업은 대부분 엑슨모빌, BP 등 서방 메이저들이 주도하고 있다. 아시아를 대표하는 경제 선진국인 일본과 한국 자본이 아시아 자원 개발에 나섰다는 것은 역사적인 사건이다. 자원 개발 후 한·일 기업을 장기 수요처로 확보해 사업을 안정적으로 운영한다는 점도 특징이다.

양국 기업이 제3국에서 해외 자원을 개발하고 있는 모습을 보고 놀랐다. 앞으로 공동 진출이 가능한 분야는.

▶고레나가 전무 = 인도네시아 동기세노로 LNG 프로젝트는 2015년 채굴 개시 연도부터 13년 뒤 끝난다. 지금도 아프리카의 마다카스카라, 모로코 등지에서 한·일 기업이 공동으로 석탄광 개발과 화력발전소 건설 공사를 진행 중이다. 자원이 풍부하고 경제 개발 수요가 많은 아프리카, 남미 등에도 사업 기회가 많다.

한·일 경제 협력 전망은.

▶이 부회장 = LNG 공사 현장에서 양국 기업과 근로자 간 협력이 매우 잘 되고 있다. 공정도 목표대로 순조롭지만 공사 현장이 깨끗하고 안전사고도 전혀 없는 등 완벽하게 사업이 진행되고 있다. 제3국에서 진행하는 향후 사업에 좋은 모델이 될 것으로 확신한다. 21세기는 아시아의 세기인 만큼 양국이 잘 협력해 글로벌 경제를 이끌어주길 기대한다.

▶고레나가 전무 = 동기세노로 프로젝트는 '아시아의 자원을 아시아 자본으로 개발해 아시아인을 위해 쓴다'는 점에서 매우 중요한 사업이다. 앞으로 다양한 사업 분야로 양국 기업 간 협력이 확대될

것으로 믿는다.

아베 정권 출범 후 일본 경제가 회복세를 보이고 있는데.

▶고레나가 전무 = 아베 총리가 적극적인 경기부양책을 쓰고 있어 경제가 점진적으로 회복될 것이다. 올해 2% 정도의 경제성장률을 달성할 것으로 본다. 한국과 일본은 '민주주의와 시장경제'란 공통의 가치관을 갖고 있다. 일본 경제 회복세가 한국 경제에도 긍정적인 영향을 줄 것이다.

▶이 부회장 = 아베 정권의 양적완화 정책만으론 경제 회복에 한계가 있다. 한·일이 거시경제 정책에서도 긴밀히 협조해 윈-윈하는 방향으로 공조해야 한다. 돈을 풀어 단순히 경기를 부양하지 말고, 늘어난 통화를 해외 자원 개발 등에 활용하는 방안 등이 좋은 대안이 될 수 있다.

한·일 FTA 협상이 10년 넘게 진척이 없다.

▶이 부회장 = 양국 정부와 경제인 모두 한·일 FTA 필요성에 공감하고 있다. 두 나라에서 새 정권이 출범하는 만큼 FTA 협상이 속도를 낼 것으로 예상된다. 한일경제협회와 일한경제협회는 올 10월 공동으로 양국의 민·관·학계 대표가 참석하는 대규모 한·일 FTA 국제포럼을 개최할 예정이다. 양국에서 여론의 관심을 높여

협상 타결 시기를 앞당길 계획이다.

▶고레나가 전무 = 정부 간 협상은 10년째 진전이 없지만 민간 레벨에선 양국 간 경제 협력이 눈에 띄게 늘었다. 일본 정부 내에서도 외무성과 경제성이 특히 적극적이다. 올 상반기부터 본격적으로 양국 간 FTA 협상이 진행될 것으로 전망된다.

정리=최인한 한경닷컴 뉴스국장

미얀마 프로젝트

(한경닷컴 기사 / 2014.2.)

"미얀마 프로젝트 발굴을 위한 한·일 조사단 방문이 성사될지 지난 1년 동안 걱정이 많았습니다. 이번에 양국 정부와 기업들의 적극적인 협력으로 결실을 맺었어요. 양국 관계가 어려울수록 기업인들의 협력이 필요합니다. 미얀마 공동 진출은 한·일 경제 협력사에 한 획을 그은 역사적 사건입니다."(고레나가 가즈오 일한경제협회 전무)

"미얀마의 경제 발전은 지금부터 시작입니다. 두 나라는 인프라 건설 등 미얀마 시장에 공동 진출할 사업이 많습니다. 양국이 미얀마 경제 성장에 기여할 경우 동아시아 경제공동체도 실마리를 찾을 수 있어요. 한·일이 과당경쟁을 피하고 협조하는 전략이 필요합니다."

(이종윤 한일경제협회 부회장)

한국과 일본 재계를 대표하는 이종윤 한일경제협회 부회장과 고레나가 가즈오 일한경제협회 전무는 미얀마에서 기대 이상의 성과를 거뒀다고 입을 모았다.

양국 정치·외교 관계가 얼어붙은 가운데 기업인들이 해빙의 물꼬를 트고 있다고 평가했다. 두 사람은 한·일 업계 대표 50여명이

'미얀마 프로젝트 발굴을 위한 조사단' 활동을 마친 2014년 2월 25
일 저녁 양곤 시내 차트리움호텔에서 대담을 했다.

미얀마 조사단 활동을 어떻게 평가합니까.

▶이종윤 부회장 = 한마디로 말해 성공적인 행사였습니다. 양국 기업
　인들이 경쟁 관계를 벗어나 현지에서 협력했다는 데 의의가 있어
　요. 특히 한국에 앞서 미얀마에 진출한 일본 기업과 정부 측이 유
　용한 투자 자료를 한국 측에 제공해 큰 도움이 됐습니다.

▶고레나가 가즈오 전무 = 점수로 매기자면 80점 정도로 평가합니다.
　앞으로 투자를 진행해 실제로 성공할지가 관건입니다. 양국은 제3
　국에 사상 처음으로 대규모 시장 조사단을 파견했습니다. 행사가
　성사됐다는 것만으로도 의미가 있습니다.

한·일 기업이 미얀마에서 협력할 분야를 꼽는다면.

▶고레나가 전무 = 도로, 상하수도, 발전소 등 사회 인프라 사업이 유망합니다. 전력 분야는 양국 기업이 손을 잡으면 윈-윈 가능성이 큽니다. 의료 및 교육 시장과 엔지니어 등 현지 전문인력 육성도 필요해요. 아직 미얀마에는 법률 등 국가 시스템이 정비되지 않아 외국 기업이 투자하기에 리스크가 큽니다. 한·일이 힘을 모아 미얀마 정부에 제도 개선을 요구하고 시스템을 정비하는 것도 의미 있는 일입니다.

▶이 부회장 = 전적으로 동감합니다. 미얀마의 경제 성장을 위해 숙련 노동자와 전문가 등 많은 인력이 필요해요. 양국이 현지에서 인재 육성 사업을 공동으로 펼치면 효과가 있을 겁니다. 사회간접자본soc 투자도 함께 해야 리스크를 줄일 수 있어요.

경색된 한·일 관계가 언제쯤 풀릴까요.

▶이 부회장 = 세계인들이 납득할 수 있는 상식선에서 접근하면 한·일 문제도 잘 풀릴 겁니다. 선진국인 한·일이 갈등을 슬기롭게 해결하지 못하면 주변국들로부터 존경을 받기 어렵습니다. 양국 간 경제 협력이 강화되면 정치, 외교 갈등 해결의 물꼬도 트일 것입니다. 오는 5월 일본에서 열리는 한일경제인회의가 전기가 될 것으로 기대합니다.

▶고레나가 전무 = 꼬인 한·일 긴장이 최근 개선 조짐을 보이고 있습니다. 미국도 적극 중재에 나섰습니다. 양국 관계 악화가 이어진다면 지구촌 사람들의 손가락질을 받아요. 이웃인 두 나라가 함께 발전하는 게 중요합니다. 그래야 아시아 각국에도 좋은 영향을 줄수 있어요.

올해 한·일 경제 전망은.

▶이 부회장 = 양국은 산업구조가 비슷합니다. 엔화 동향이 한국 경제에 바로 영향을 미칩니다. 일본의 엔화 약세에 맞춰 한국 원화도 적정 수준으로 절하돼야 해요. 환율만 잘 조정되면 한국 경제는 올 하반기 이후 점차 안정될 겁니다.

▶고레나가 전무 = 달러당 100엔 선은 적정 수준이라고 판단됩니다. 다음달 일본에선 소비세 인상이 예정돼 경제에 영향을 줄 수 있습니다. 하지만 일본 경제의 고질적인 문제였던 디플레이션(물가 하락)도 해결되고 있어요. 2020년 도쿄올림픽 때까지 일본 경제는 살아날 전망입니다. 일본 경제 회복이 한국 경제에도 긍정적으로 작용할 것입니다.

한·중·일을 포함한 동아시아 경제공동체는 진전이 없는데요.

▶이 부회장 = 한국과 일본이 미얀마 등 동남아시아에서 힘을 합쳐 좋은 성과를 내야 합니다. 이곳에서 결실이 나오면 국제 정세에 따라 동아시아 경제공동체가 예상보다 일찍 성사될 가능성도 있습니다. 양국 간 정치, 경제적 긴장이 이어지고 있으나 경제 협력이 더욱 필요한 이유입니다.

▶고레나가 전무 = 세계적으로 미국과 유럽 중심의 경제 체제가 무너지고 있습니다. 앞으로는 아시아가 중심이 됩니다. 일본과 한국은 아시아 경제를 이끌어야 해요. 2020년 도쿄올림픽 때까지 경제공동체를 향한 가시적 진전이 이뤄지길 희망합니다.

정리=최인한 한경닷컴 뉴스국장

제4장

하나의
경제권 형성이 답이다

(일본 일간공업신문 인터뷰 기사 / 2012. 7)

▶기자_ 늘 '동아시아 경제공동체'의 필요성을 주장하십니다만.

▶이종윤_ 지금까지 동아시아는 미국을 시장으로 한 미국 중심의 경제 발전을 이루어 왔습니다. 하지만 금융위기 등으로 인해 더 이상 이 모델을 유지하기 어려워졌습니다. 앞으로는 새로운 발전 모델을 만들지 않으면 안 됩니다. 비록 지금은 경제적으로 어려움을 겪고 있지만 유럽의 경제공동체는 높게 평가받고 있습니다. EU와 같은 모델을 동아시아에서도 만들어내야 합니다.

▶기자_ 동아시아 중에서도 특히 한·일 관계를 중시하는 이유는.

▶이종윤_ 지금 중국은 커다란 존재입니다만 시장 메커니즘에 기초하지 않는 측면이 많습니다. 시장주의 경제인 한국과 일본이 선두에 서야 합니다. 그러기 위해서는 양국이 보다 긴밀한 관계를 가져야 할 필요가 있습니다. 한·일 양국은 경제 이외의 문제에 발목이 잡혀 있습니다만, 경제적으로 윈-윈할 수 있는 관계를 구축하고, 전체의 이익을 생각해 협력해야 합니다. (후략)

지금 왜 하나의 경제권이 필요한가?

국제 통상질서에 닥친 거대한 변화

한국과 일본은 제2차 세계대전 이후 미국이 주도하는 GATT 체제 아래 국제 분업 구조에 편입함으로써 경제를 발전시켜 왔다. 요컨대 압도적인 경제대국인 미국 시장에 의존해 경제 발전을 추구했다고 할 수 있다.

또한 마찬가지로 미국 시장 의존형인 아세안 및 중국의 경제 발전 과정에서도 한·일은 이들 지역에 대한 자본재 수출과 해외 투자 등을 통해서 그들 국가와의 의존체제를 심화시켜 왔다.

그리고 1995년 WTO 체제 발족 이후로도 한국과 일본을 비롯한 동아시아 국가들의 미국 시장 의존적 경제 발전 구조는 큰 변화 없이 유지돼 왔다. 한국의 경우에는 미국 시장 의존보다는 중국 시장 의존도를 높여 왔다고도 볼 수 있다. 그러나 중국 경제도 결국은 미국 시장을 통해 발전해 온 관계로 동아시아 국가의 최종적인 수요처는 미국 시장이라고 할 것이다. 그런데 미국발 금융위기는 미국 경제가 더 이상은 수요처로서의 역할을 못함을 분명히 드러냈다고 할 수 있다.

미국 정책당국은 금융위기로 침체된 미국 경제를 회복시키기 위해 양적완화 정책을 통해 경기진흥책을 구사하고, 또한 미국달러 가치를 하락시켜 미국의 대외 불균형을 시정하고, 아울러 다양하고 적극적인 방법으로 미국 제품의 해외시장 전개를 지원하고 있다.

그 결과, 동아시아 국가들은 기존 발전 구조를 수정해야 했고, 특히 해외시장 의존도가 높은 한·일 양국은 새로운 활로를 찾지 않으면 안 되게 되었다.

동아시아도 EU, NAFTA와 같은 경제공동체를 갖자

WTO 체제가 뿌리를 내리지 못하고 있는 세계 경제 환경 하에서 각 국은 양국 간 FTA나 환태평양경제동반자협정TPP 참가와 같은 특정 지역 단위 경제공동체 참가 등의 방식을 통해 자유통상지대를 확대하려는 움직임을 보이고 있다.

이미 미국을 중심으로 NAFTA가 형성돼 있고 유럽에서는 EU가 영역을 확대하고 있는데, 동아시아 지역에는 그러한 경제공동체가 형성돼 있지 않다.

경제공동체가 형성되면 공동체 내의 개별 가입국이 내수 시장 확대를 통한 규모의 경제 효과를 누리는 등 경제 효과를 발생시킬 뿐만 아니라 최근 그리스의 경제위기 극복 과정에서 보는 것처럼 위기 상황에서는 공조 체제가 기능을 발휘한다.

동아시아 국가들은 경제공동체가 없는 관계로 항상 시장의 불안정에 시달리게 되는데, 지난 아시아 금융위기에서도 경상수지 흑자국들이 다수임에도 불구하고 외부의 환경 변화에 직면해 각개격파당하는 취약성을 노출했다.

2008년 미국 발 금융위기 이후 세계 시장으로서 미국 시장의 역할은 축소될 수밖에 없었고, 그로 인해 한국과 일본을 비롯한 동아시아 국가는 미국 시장을 대체할 수 있는 새로운 시장을 찾지 않으면 안 되게 되었다. NAFTA나 EU와 같이, 우리도 아시아 내에서 그러한 시장을 추구하지 않으면 안 된다.

동아시아 공동체는 한 · 일 양국이 주도해야

부존 조건의 제약으로 인한 해외시장 필요성의 정도 및 시장경제 질서의 정착도 등을 고려할 때 동아시아 경제공동체는 한국과 일본이 중심이 돼 추진해야 하는데, 그러기 위해서는 먼저 한 · 일이 '하나의 경제권' 을 형성하는 것이 필요하다.

하나의 경제권화 장점

2

제3국에서의 과당경쟁 방지와 교역 조건 개선

양국 산업 구조의 유사성으로 인해 한·일 기업이 제3국에서 과당경쟁을 벌이고 있는데 이는 한·일 양국의 교역 조건을 악화시키는 요인이 되고 있다.

　한·일이 하나의 경제권을 이룬다면 그 과정에서 산업 내 분업이 확대되고 한·일 양국 기업이 각각의 비교우위에 의거해 특화한 프로세스를 통해 자연스럽게 과당경쟁을 지양할 것이며 그에 따라 양국의 교역 조건도 개선될 것이다.

생산기지에 대한 리스크 분산

일본은 지진과 쓰나미 다발, 한국은 남북 간 군사적 대치로 인해
생산기지 파손의 위험을 항상 내포하고 있다. 하나의 경제권이
실현되면 양국의 기업은 한국과 일본을 하나의 범위에 놓고 최적
의 생산기지를 배치할 수 있다. 이러한 선택이 가진 의미는 한 ·
일 기업이 함께 리스크 분산을 실현시킬 수 있다는 것이다.

한 · 일 기업 주도의 표준화

정보화 시대가 된 오늘날 세계 시장에서는 표준화 경쟁이 날로
치열해지고 있다. 어떤 국가, 어떤 기업의 제품으로 표준화되는
지는 매우 중요한데, 특정 기업의 제품이 일단 국제 표준품으로
정해지면 다른 기업은 국제표준이 된 제품에 맞추지 않으면 안
되기 때문이다. 따라서 각국의 기업은 자사 제품을 국제표준으로
만들기 위해 필사적인 노력을 기울이고 있다.

국제표준이 되기 위한 중요한 요소의 하나가 내수 시장의 크기
이다. 내수 시장, 또는 준내수 시장(지역 단위의 공동시장)이 크면 클
수록 기술적 수준과 원가 경쟁력을 높이는 데 유리하기 때문에

그 국가 또는 지역공동체 소속 기업의 제품이 내수 시장 규모가 작은 국가의 기업 제품에 비해 표준화할 가능성이 커진다.

그 점에서 미국과 EU가 한국과 일본보다 유리한 입장에 있다고 하겠다. 한·일이 하나의 경제권, 더 나아가서 한·일 주도로 동아시아 경제공동체가 형성된다면 이 지역의 제품이 국제표준이 될 가능성이 월등히 커진다고 할 수 있겠다.

제3국 공동진출

한·일 모두 가공무역 입국을 지향하고 있으며, 이에 따라 필요 원자재의 안정적 확보를 위해 해외 자원 개발을 추진하는 경우가 많다. 해외 자원 개발이나 인프라 수주에서 한·일 기업이 공동 진출해 개발 과정에서의 역할을 비교우위 기능별로 적절히 분담하게 되면 개발비용 절감, 개발된 자원의 수요 확보, 개발에 따른 위험 부담 경감 등의 이점을 살릴 수 있다.

일본은 풍부한 정보력과 자본력, 그리고 경험을 보유하고 있고, 한국은 EPC(설계·조달·시공) 기술력과 가격 경쟁력에서 강점을 지니고 있으므로 양국의 조합은 매우 효율적인 것으로 판단된다. 제3국에서 한·일이 협력하면, 식량 경작과 첨단 기술 개발도

낮은 비용으로 추진할 수 있다.

韓의 순발력 + 日의 계획성 = 시너지 효과

한국인은 일본인에 비해 순발력과 추진력이 좋고, 반면에 일본인은 한국인에 비해 계획성과 철저함에 있어서 뛰어난 것으로 인식되고 있다. 한·일이 하나의 경제권을 이뤄 한·일의 기업인이 필요한 인력을 양국에서 자유롭게 채용한다면 계획성과 철저함이 필요한 부서에는 일본인을, 그리고 추진력과 순발력이 필요한 부서에는 한국인을 배치하는 식으로 그 특성에 맞추어 인적 자원을 적절히 배치할 수 있을 것이고, 그렇게 하면 한·일 기업은 지금보다 월등히 생산성을 제고시킬 수 있을 것으로 생각된다.

한일·일한경제협회가 매년 공동으로 개최하는 '한·일 고교생캠프'에서 실시하는 '한·일 고교생 합동사업 발표회'는 위와 같은 시너지 효과가 발생할 수 있는 개연성을 충분히 제시하고 있다.

하나의 경제권 추진 방식

3

한 · 일 FTA를 바라보는 전략적 시각

그렇다면 '한 · 일 하나의 경제권화'를 구체적으로 어떻게 추진해 갈 것인가? 가장 신속한 방법은 한 · 일 간 FTA 체결이겠지만, 쉽게 극복하기 어려운 장애들로 인해 FTA 체결이 용이하지만은 않다.

한 · 일 FTA 체결이 필요하다는 점을 인정하면서도 쉽사리 체결될 것으로 기대하지 않는 이유는 무엇일까?

먼저 위안부 문제, 독도 문제 등 비경제적 문제들이 가로막고 있어 경제 현안을 논의할 분위기가 조성돼 있지 않다. 그리고 경제적 측면에서도 한국 측이 일본에 요구하는 농업 개방화 및 비관세 철폐 문제가 쉽게 해결되지 않을 것이고, FTA 협상이 시작되면 한국 소재·부품 업체들의 만만치 않은 저항이 예상되기도 한다.

전자인 비경제적 문제의 경우, 우리가 부모상을 당해도 먹고사는 문제를 진지하게 생각하지 않을 수 없듯이, 독도나 위안부 문제 같은 현안들은 그 자체로서 적극적인 해결책을 모색하되, 긴급한 해결을 요하는 경제 현안들에 대해서는 이와 분리해 접근할 필요가 있다.

그러면 한·일 FTA는 한국 경제가 어떠한 시각을 가지고 접근할 필요가 있는가?

첫째, 일본은 한국과 시장경제를 같이하고 기업가들의 기업 활동이 예측 가능한 인접 국가다. 경제 체제를 같이하는 인접 국가와 공동시장이 형성되어 있지 않은 것은 세계 경제에서 극히 드문 경우다.

둘째, 한·일 FTA 체결을 한·미 FTA나 한·EU FTA와 비교해보면, 한·미 FTA나 한·EU FTA가 한국 경제의 입장에서는 내수 시장이 확대되는 성격에 지나지 않는 데 비해, 한·일 FTA는 EU나 NAFTA의 경우와 마찬가지로 시장을 공유하고 공급 구조를 같이하게 되는 의미를 지닌다. 예를 들어 한·일 간에는 자동차와 전자산업을 중심으로 산업 내 분업이 형성돼 있는데,

한·일 FTA가 체결되면 산업 내 분업은 한층 확대돼 갈 것이다. 지금 한·일 경제는 산업 구조의 유사성으로 인해 제3국에서 과당경쟁이 벌어지는 경우가 많아 한·일 양국 상품의 교역 조건을 악화시키는 요인으로 작용하고 있다. 만일 한·일이 산업 내 분업을 확대하면 그만큼 제3국에서의 과당경쟁을 억제함으로써 한·일 수출품의 교역 조건 개선 효과를 거두게 될 것이다.

셋째, 한국 경제는 무역 의존도가 100%를 넘을 정도로 국제 분업 구조 속에 체화돼 있다고 할 수 있다. 이에 비해 일본 경제는 무역 의존도가 30% 수준에 지나지 않는다. 즉, 일본 경제는 강한 내부 지향성, 내부 조직성을 가지고 있어서 전면적인 개방화에는 한계가 있다고 할 수 있다. 일본 경제의 높은 비관세 장벽은 이러한 일본 경제의 특징과 깊이 관련돼 있다. 일본 경제의 체질에 비추어 볼 때 사실상 미·일 간 FTA 성격을 가지면서 전면적인 개방화를 야기하게 되는 TPP 참가는 쉽게 결단을 내리기 힘들 것이다. 그러면서도 시장과 원자재의 해외 의존이 극히 필요한 일본 경제의 체질상 FTA 허브 역할을 해줄 한국 경제와의 긴밀화는 절대적으로 필요할 것이다.

일본 경제는 2011년의 대지진을 계기로 해외 진출 확대가 필요하다. 한국 역시 경제의 성숙·선진화를 위해서는 일본 경제에 내재된 기술·경영 자원이 절실하다. 한·일 양국이 가진 이러한 측면들을 볼 때, 한·일 양국이 FTA를 체결해 하나의 경제권이 되면 두 나라 모두 윈-윈할 수 있을 것으로 판단된다. 지금이야 말로 한·일이 FTA를 체결할 수 있는 여건이 성숙했다고 판단되는 바, 양국 간에 적절한 합의점 도출과 대국적인 결단이 요구되는 시점이라고 하겠다.

쉬운 것부터 천천히

한·일 FTA가 당장에 체결될 수 없다고 한다면 우리는 어떻게 해야 할까?

우선 한·일 간에 저항이 적고 접근이 용이한 것부터 차례차례 추진해, 결과적으로 자연스럽게 한·일이 하나의 경제권이 되도록 하는 접근방법이 보다 합리적이라고 판단된다.

인적·물적 자원의 자유로운 교류

'한·일 하나의 경제권' 실현을 촉진하기 위한 가장 강력한 수단은 한·일 간 인적·물적 교류를 원활하게 하는 일일 것이다.

인적 교류의 원활화를 위해서는 장기 체류가 가능한 NO비자 그룹을 확대하는 방법이 있다. 경제인과 기술자를 비롯해 상호 경제 발전에 기여할 수 있는 직업인들에게 자유로운 이동 및 장기 체류를 보장하는 것이다.

물적 교류의 원활화를 위해서는 양국을 포괄하는 서플라이 체인의 구축이 용이하도록 지원하는 방법 등이 있다. 한·일 각 기업들은 양국에 걸쳐 각자의 필요에 맞추어 적절하게 리스크 관리 대책을 수립하게 될 것이다. 이러한 활동은 말할 필요도 없이 양국 관계의 긴밀화에 크게 기여할 것이다.

지역 간 교류 확대와 SOC 정비

한·일 양국 지역 간 교류를 확대하고 지역 간 교역 증대에 필요한 SOC(사회간접자본) 등을 정비해 나간다면 하나의 경제권화를 촉진하는 하나의 방편이 될 것이다.

한일경제협회는 일본 호쿠리쿠(北陸)지역(후쿠이·福井, 이시카와·石川, 도야마·富山)과의 경제 교류를 진행 중인데, 세미나 등을 통해 두 지역 간 경제교류를 활성화시키기 위해 물류 시스템의 정비 등 SOC 정비 필요성이 제기되고, 교역 확대 및 투자 활성화 방안 등이 제시되고 있다.

테크노마트 설립 및 인재 데이터베이스 구축

역내 차원의 교역을 확대하는 중요한 환경 정비의 하나가 역내 테크노마트 설치다. 역내 각국의 비교우위 산업의 경쟁력을 강화하면 당연히 역내 교역이 확대되고 역내 산업 구조조정이 원활히 이루어진다.

예를 들어 역내 차원의 테크노마트가 활성화된다는 것은 역내 선진국의 비교열위 산업 부문에 축적된 기술이 그 산업이 비교우위 산업인 발전도상국으로의 이전이 활발히 이루어진다는 것을 의미하며, 이러한 메커니즘이 각국의 비교우위 산업의 경쟁력을 강화시켜, 자연스럽게 각국의 산업 구조조정을 원활하게 이끌어낸다.

테크노마트에 더하여 역내 차원의 기능훈련센터를 만들어 역내 각국의 협력을 얻어 각자의 레벨에 맞는 기능을 향상시킬 수 있다면, 각국의 비교우위 산업의 경쟁력 강화로 이어져 역내 차원에서의 산업 구조조정을 원활히 뒷받침할 것이다.

에너지 확보에서의 공동 대응

2011년 동일본 대지진을 계기로 일본은 에너지 공급 구조에서 큰 비중을 점하던 원자력 비중을 급속히 축소시키고 있는데, 이에 따라 '에너지의 충분한 확보'가 일본 경제의 발전에 있어서 중요한 정책과제로 등장했음은 주지하는 바와 같다.

에너지 문제의 극복을 위해 한·일이 양국의 에너지 기술을 결합하고 공급체계를 어떻게 구축할 것인가에 대한 대책을 공동으로 수립하면 충분한 양의 에너지 확보 및 구입비용 절감이 가능할 것으로 생각된다.

농업 부문에서의 한·일 간 상호투자

한·일 FTA 체결을 지연시키는 하나의 요소로 일본 농업의 취약한 경쟁력을 지적하는 경우가 많다. 한·일 간에 이 문제를 극복하는 하나의 방법으로 농업 부문 중 양국의 비교우위 부문에 상호 투자하게 하는 방안이 있다.

한·일 양국의 농업자본가 간 자본적 결속은 비교우위에 입각한 양국 농업 내 분야별 구조조정을 수월하게 하고, 한·일 농업자본의 제3국 공동 진출도 용이하게 할 것이다.

환경 문제 공동 대응

동아시아는 세계의 공장지대로 불릴 정도로 공업화가 왕성한 지역이며, 따라서 환경 문제가 중요한 정책과제로 대두됐다. 환경 문제는 황사나 원자력 방사선 유출의 경우에서 보는 것처럼 개별 국가의 문제를 넘어서 각 국가 간에 걸쳐 있는 경우가 적지 않다.

따라서 한·일이 환경 문제에 공동으로 대응해 효율적인 해결책을 제시한다면 환경 문제로 고통받고 있는 양국 국민으로부터 크게 환영받을 것이고 양국 협력의 필요성에 대한 공감대도 형성될 것으로 판단된다.

외환 문제 공동 대응

1997년 아시아 금융위기 때는 역내 국가들이 경상수지 흑자 상태임에도 불구하고 금융활동 노하우의 부족 내지 역내 금융공조 체제의 미비로 역내 각국 경제가 상당 기간 극심한 침체 상태를 겪었다. 지난 아시아 금융위기에서 경험했던 것처럼 역내 특정 국가에 외환위기가 발생하면 인접 국가에도 연쇄적으로 파급돼 역내 전 국가에 금융위기, 나아가 경제위기가 전염된다. 이는 역내 각국 간에 무역, 투자 및 금융 등의 여러 면에 걸쳐 이미 상당한 의존 체제가 형성돼 있기 때문이다.

이러한 쓴 경험으로부터 한·일을 비롯한 아시아 국가들은 치앙마이 이니셔티브Chiang Mai Initiative를 통해 공동 출자로 기금을 조성해 비상시에 대처하려 하고 있다. 그리고 역내 두 나라 간에 통화스와프를 체결해 두 나라 중 특정 국가의 일시적인 외화 부족에 대처하는 체제도 정비하고 있다. 통화스와프 체결은 외화 부족으로 곤란을 겪고 있는 국가를 지원하는 데 그치지 않고, 그 국가로부터 발생한 위기가 역내에 파급되는 것을 방지하는 의미가 있다. 그런 의미에서 작년에 결정된 한·일 간 통화스와프 중단은 한국은 물론 일본에도 적절했다고 보기는 어렵다.

공통의 문화적 유산 적극 활용

한·일은 몇 가지 중요한 동질성을 보유하고 있다. 양국 모두 유교문화권이고, 언어는 어순이 같으며, 양국에서 사용되고 있는 한자(漢字) 또한 표기법과 의미가 거의 동일하다. 이 공통의 문화유산을 적극 활용해 두 나라의 동질성을 양국 국민에게 인식시켜 나간다면 양국 간 교류 확대와 하나의 경제권화에 대한 거부감이 줄어들고 공감대가 확산되리라고 본다.

한·일 간 산업 내 분업과 기술 협력

한·일 간 산업 내 분업을 확대한다는 것은 기술·경영 자원을 한·일 간 산업 내 분업 부문에 보다 많이 배분하는 것을 의미하는데, 그렇게 되면 그만큼 제3국에서의 한·일 간 경쟁을 피할 수 있고, 따라서 한·일 간 과당경쟁에서 오는 두 나라 상품의 교역조건 악화를 완화하게 될 것이다.

한·일 양국의 산업 구조 유사성으로 말미암아 한국 원화와 일본 엔화 간 교환비율의 변화가 두 나라 상품의 대외 경쟁력 구조에 민감한 영향을 미치고 있으며, 시간이 갈수록 양국 기업 간 경쟁은 더욱 치열해질 것으로 예상된다. 그렇게 되면 한·일 양국 수출품의 교역 조건이 더욱 악화되고 결국은 양국의 소득을 해외에 이전시켜 한·일 양국 국민의 노동 생산성에 상응한 실질 소득을 축소시키는 결과를 초래할 것이다.

이것을 조금이라도 회피 또는 완화하는 방법은 다름 아닌 한·일 간에 산업 내 분업을 확대하는 것이다. 요컨대 한·일이 가진 기술·경영 자원을 한·일 간 산업 부문에 보다 많이 배분하게 되면 그렇지 않은 경우에 비해 독립적인 경쟁 산업에서의 자원 배분을 축소하는 효과를 낳아 그만큼 제3국에서의 한·일 기업 간 경쟁을 축소시키게 되고 이에 따라 한·일 수출품의 교역 조건 악화를 완화하는 쪽으로 작용하게 될 것이다.

한·일 양국 기업이 산업 내 분업을 확대하는 과정에서 양국 기업은 협력을 확대·강화시키게 되는데, 이러한 협력의 강화는 한·일 양국의 기술·경영 자원의 직·간접적인 활용 및 접촉의 폭을 자연스럽게 넓히게 된다. 양국 기업이 가진 기술·경영 자원의 접촉을 확대하면, 그 과정에서 양국 기술·경영 자원의 질을 향상시키는 시너지 효과를 창출할 수 있을 것으로 기대된다. 기존에는 한·일 기업 간의 기술 격차로 인해 '산업 간 분업'의 수준에 지나지 않았으나, 한국 기업의 기술 수준 및 기술 흡수력

의 향상에 따라 한·일 간 산업 내 분업을 점진적으로 확대시켜
왔다고 할 수 있다.

현 시점에서도 여전히 한국 기업에 비해 일본 기업의 기술 축
적 수준이 높아 일본 기업에서 한국 기업으로의 기술 이전이 기
대되는데, 부품·소재 산업을 중심으로 기술 이전이 확대돼 한국
중소기업이 생산하는 부품·소재류가 일본 제품의 수준에 접근
하게 되면 그만큼 한·일 간 산업 내 분업은 확대될 것이다. 한·
일 간 산업 내 분업의 확대는 기술한 바와 같이 양국 기업 간 과
당경쟁을 완화하는 효과를 발생시킬 것이며, 또한 양국 기술·경
영 인력의 교류 과정에서 양국 기술·경영 인력의 질적 향상도
기대될 것이다.

이러한 논리적 관계에 비추어 일본 기술 인력의 한국 부품·소
재 중소기업에 대한 기술 지도는 한·일 간 산업 내 분업을 확대
시킴은 물론, 양국 기술·경영 인력의 교류·협력을 강화하는 장
으로 활용됨으로써 한·일 경제가 하나의 경제권을 형성하는 강
력한 촉매 작용을 할 것으로 기대된다.

한·일이 하나의 경제권으로 묶이면 그 과정에서 인적·물적
자원의 합리적 배분 및 규모의 경제 효과를 얻게 되고 이렇게 강
화된 양국 경제는 필연적으로 동아시아 경제권 형성을 위해 박차
를 가하게 될 것으로 기대된다.

하나의 경제권을 바라보는 전문가 시각

2011년 6월11일 일본 게이단렌회관에서 열린 '제6회 한·일 파트너십 포럼'에서 저자가 발제한 '한·일 하나의 경제권'에 대한 일본 전문가들의 토론이 있었다. '한·일 하나의 경제권'에 대해 일본 내 대표적인 한·일관계 전문가들은 어떤 생각을 가지고 있는지, 또한 풀어야 할 과제는 무엇인지에 대한 이해를 넓히는 기회가 될 것으로 판단하여 소개한다.

토론에는 기계산업기념사업재단 후쿠카와 신지(福川伸次) 회장님, 일본경제연구센터 고지마 아키라(小島明) 연구고문님, 와세다대학 정치경제학부 후카가와 유키코(深川由起子) 교수님, 미쓰비시상사 후지야마 도모히코(藤山知彦) 집행임원님, 일한경제협회 고레나가 가즈오(是永和夫) 전무이사님,

게이오대학 오코노기 마사오(小此木政夫) 명예교수님, 일본삼성주식회사 문대철 상무님, 그리고 경제전문가 구로다 준이치로(黑田淳一郞)님이 참석했다(토론자의 소속 및 직책은 토론 당시의 것으로 표기하였음).

한 · 일 연계에 의한 동아시아 경제공동체와 미국, EU와의 FTA 차이

고지마 한 · 중 · 일의 문제에 대해서 말씀 드리면 한국은 EU, 미국과 FTA를 추진하고 있으며, 현재 미국이 그것을 비준할 것인지를 검토하는 단계에 있습니다.[29] 미국이라는 요소factor를 아시아 지역에서 어떻게 규정할 것인가 하는 문제가 있는데요. 일본은 미국과는 협상이나 이야기가 전혀 진행되고 있지 않다는 문제를 안고 있습니다.[30]

최근 중국은 점점 더 강해지고 있습니다. 기업 유치, 투자 유치에 있어서도 매우 엄격하게 선별하고 있습니다. 기술 수준이 높으면 OK지만 그렇지 않으면 배제하는 정책이 눈에 띕니다. 따라

29_ 본 토론은 2011년 6월 이루어진 것으로, 그 뒤 EU와는 2011년 7월, 미국과는 2012년 3월 FTA가 발효됨.
30_ 일본은 2014년 9월 현재 미국과 TPP 협상 진행 중.

서 이 지역에서는 명확한 투자규칙이 필요한데, 이때 일본, 한국, 중국 3개국만 같이하는 것이 좋은지, 또한 한국은 이미 미국과도 FTA를 추진하고 있는데 한·미 FTA에서 투자 규칙은 어떻게 되어 있는지, 혹시 아신다면 설명해 주시기 바랍니다. 불투명하고 자의적인 정책을 없애기 위해서는 미국 등도 포함해 조금 더 범위를 넓히는 것이 나을 수도 있다는 생각이 듭니다. 지금 중국은 동아시아 지역의 규범 정비를 선도하려고 매우 적극적으로 움직이고 있는데, 이러한 움직임에 대해 어떻게 균형을 취해 나갈 것인지, 이것은 한 나라의 힘만으로는 불가능한 것으로 적어도 한·일 간의 협력이 필요한데요, 한국과 일본만 같이하면 되는지가 제 첫 번째 질문입니다.

두 번째는 한·일 간의 과잉경쟁에 대해서입니다. 일본은 국내에서 이미 과잉경쟁이 펼쳐지고 있습니다. 한국은 1997년 아시아 금융위기 후에 과잉경쟁이 사라지고, 산업별로 매우 유력한 기업 하나 또는 두 개가 활약하는 상황인데요, 그러한 점이 일본과는 매우 다릅니다. 일본은 예를 들면 가전 업체나 자동차 업체의 경우 10개 정도의 회사가 국내에서 과잉경쟁을 하고 있어 이익률이 낮은 상태입니다. 투자도 좀처럼 적극적으로 이루어지지 않고 있습니다. 이러한 구조적 변화가 아시아 금융위기 후 한·일 양국에서 일어났습니다. 따라서 어떤 의미에서는 기업 하나당 국내 시장의 규모는 오늘날 일본보다 한국 기업이 훨씬 더 크고, 국내 수요가 더 큰, 이른바 역전 현상이 일어나고 있습니다. 이것은 질문이라기보다는 제 의견입니다.

세 번째는 중국 문제입니다. 특히 최근 직접투자나 기업 유치에 있어서 중국은 점점 더 국가자본주의를 강화하고 있고, 경제 활동 혹은 규범 정비에 대한 정부의 개입이 강해지고 있는 느낌이 드는데 어떻게 생각하시는지요.

이종윤 지금 말씀하신 것처럼 적어도 한·중·일의 관계에서는 동아시아 공동체가 형성된다 하더라도 그것은 시장 메커니즘에 입각한 신뢰할 수 있고 예측 가능한 환경이어야 한다고 생각합니다. 이러한 관점에서 생각하면 중국은 시장 메커니즘에 따른 예측 가능성이라는 면에서 약간 문제가 있지 않을까 생각됩니다. 물론 중국을 배제할 수는 없겠지만 적어도 한국과 일본은 시장 메커니즘에 따른 예측 가능성이라는 면에서는 앞서가고 있기 때문에 양국이 먼저 이러한 것을 추진하는 것 자체는 중국을 배제하는 것을 의미하지는 않습니다. 시장 메커니즘에 따른 예측 가능한 환경의 정비를 위해 한·일 양국이 힘을 합쳐야 한다는 점을 먼저 말씀 드리고 싶습니다.

다음으로, 미국과의 관계에 대해 설명해 드린다면, 지금 한국은 EU 및 미국과 FTA를 추진하고 있는 단계인데[31], 이것은 어디까지나 수요라는 측면을 중심으로 한 움직임입니다. 만약 한국과 일본, 동아시아의 관계를 생각하면 수요와 동시에 공급 면의 확대를 실현할 수 있습니다. 요컨대 유럽은 EU를 만들고 점차 자유로운 경제 활동 영역을 확대하고 있는데, 결국 그들은 EU 안에서 수요를 추구하는 것뿐 아니라 생산요소의 확보를 넓은 범위에서 실현하고 있습니다. 이것이 양국 간 FTA와는 다른, 우리가 역내에 경제자유지역을 구축해야 하는 이유가 아닐까 생각됩니다.

그러한 의미에서 말씀 드리면 미국과 FTA를 추진하는 것과, 한·일 양국, 나아가 동아시아 경제공동체를 만드는 것은 의미가 다릅니다. 그것은 단순한 FTA가 아니라, 수요와 공급을 공유하는 경제 활동 영역을 구축하는 것입니다.

세 번째로, 앞서 지적하신 과잉경쟁의 문제에 대해서입니다. 한국은 아시아 금융위기 이후 선택과 집중이라는 형태로 몇몇 대기업 그룹이 각각의 강점 분야에 집중해 산업 재편을 추진해 왔습니다. 결국, 특정 분야를 중심으로 상대적으로 볼 때 점유율이 커진 것은 사실입니다. 하지만 일본의 수요에 비하면, 각 기업의 수요라는 측면에서 한국은 크다고 말할 수 없습니다.

제가 하고 싶은 말은 '일본과 한국은 경쟁만 하는 것이 아니라

31_ 각주 29)참조

협력의 범위를 넓히고 서로 제3국에 대해 교역 조건을 개선시키는 구조를 갖추기 위한 노력이 필요하다'는 것입니다.

한·일 양국이 안고 있는 내부 모순과
경제 협력을 저해하는 장벽이란?

후카가와 오늘 좋은 말씀 감사합니다. 이종윤 부회장님의 인식이 가능한 한 빨리 한국 사회에 널리 확산되기를 바라 마지않습니다.

지금까지 한·일 간의 대화를 10년이나 해 오면서도, 결국 FTA 하나 체결하지 못하고 있는 것이 현실입니다. 경제협력개발기구OECD 회원국 간에 FTA를 체결하지 않은 곳은 한·일 양국뿐으로, 다른 나라들은 모두 FTA를 체결했습니다. 이러한 상태는 비정상적입니다. 하지만 민간 부문은 매우 잘하고 있다고 생각합니다. 산업 협력이 진전되지 않고 있느냐 하면, 그렇지 않습니다. 잘 진행되고 있습니다. 시장의 힘은 매우 강합니다. 문제는 시장에서는 진전되고 있는데 여기에 정부나 정치가 개입하려 하면 다양한 문제가 발생해 상호 신뢰 부족이 여실히 드러나게 되는 점이라고 생각합니다.

해야 할 일은 많습니다. 그중 하나가 한국 일본 모두 각각 숙제를 안고 있고, 내부적으로 모순을 안고 있기 때문에 이것을 해결하는 일이라고 생각합니다. 일본의 경우, 놀랍게도 대다수 사람들이 아직까지도 강대국 모델의 자화상을 보면서 움직이고 있습니다. 일반적으로 작은 나라의 경우 무역 면의 실리가 큰 FTA 체결을 결정하기 쉬운 것이 사실입니다. 일본의 무역 의존도는 겨우 한국의 3 분의 1 정도에 그칩니다. 중국과 비교해도 역시 3분의 1 정도입니다. 아직도 대다수 사람들에게는 일본어만 할 줄 알면 일이 돌아가는, 일본의 논리가 통하는 세상이 전부입니다. 때문에 FTA의 필요성을 좀처럼 실감하지 못합니다. 농업 보호를 아직도 계속하려는 사람들의 발상이 바로 이렇습니다. 일본은 아직도 세계 3위의 강대국이라는 생각을 가지고 있고, 그렇기 때문에 세금으로 도와주는 것이 당연하다, 과세는 비싼 게 당연하다는 생각을 가지고 있습니다.

하지만 일본은 이제 독일이 EU 가입이라는 결단을 내린 과정으로부터 교훈을 얻어야 합니다. 독일은 지금은 그리스나 포르투갈 때문에 고생하고 있지만, 지금까지의 과정에서 매우 큰 이익을 얻었습니다. 커진 시장에서 독일의 제조업은 압도적으로 강했고, 그렇기 때문에 축소 전략을 독일이 취할 수 있었을 것입니다. 역사적으로 관계가 좋지 않은 프랑스와도 손을 잡는 결단을 내릴 수 있었습니다. 반면 일본은 아직도 강대국이고 일본의 힘만으로 살아남을 수 있다고 생각해 왔습니다. 그것이 문제입니다.

한편 한국에도 모순이 있습니다. FTA는 경제 통합이기 때문에 경제정책에선 주권을 포기해 나가는 과정이라 할 수 있습니다. 특히 선진국과 체결하는 FTA는 수준이 높기 때문에 중국처럼 정부 개입의 여지를 남겨두고 유리한 것만 골라서 할 수는 없습니다. 그런데 한국은 FTA를 몇 건이나 체결하면서도 한·일 관계에는 항상 대일 무역적자를 우려하고 있습니다. 대일 무역적자는 정말로 경제적 비상식economic nonsense임에도 불구하고 이것 때문에 사고(思考)가 멈추는 경향이 있습니다. 무역과 경제 활동이 갈수록 세계화돼 가는데, 어느 순간 갑자기 국가 건설 차원으로 돌아가 버리기 때문에 항상 무역적자가 문제가 되어 버리는 것입니다. 그래서 수출은 승리고, 수입은 패배라는 완전히 비상식적인 이야기가 여전히 상식으로 통용됩니다. 한·일 양국은 이러한 모순을 해결해야 합니다.

두 번째 큰 문제로 오늘의 주제인 경제 협력이 있습니다. 결국, 일본에서 한국처럼 성장한 나라와의 경제 협력 아이디어가 구체화되기 어려운 이유는 명쾌하다고 생각합니다. 그것은 상대가 개발도상국일 경우 정부가 경제 협력 예산을 사용할 수 있기 때문입니다. 정부의 관여는 예산 조치가 있을 때 가능합니다. 하지만 상대가 선진국일 경우 민간 주도로 추진하게 됩니다. 일본과 유럽 간의 산업 협력, 미·일 산업 협력처럼, 민간 부문의 몇몇 회사가 오랫동안 구축해 온 신뢰 관계가 있는 사람들이 자발적으로 추진하고, 그것을 정부가 뒷받침하는 식입니다. 그런데 한·일 관계의 경우 한국은 개도국이 아니면서도, 한편으로 현재로서는 선진국형 산업 협력의 여건이 갖춰져 있다고 할 수 없는 상황입니다.

경쟁 조건에 대한 이야기도 방금 나왔는데, 경쟁 조건 면에서도 한국과 일본은 상황이 같지 않습니다. 한국은 국부펀드(정부가 출자하는 펀드)를 가지고 있습니다. G7 국가 중 국부펀드를 가지고 있는 나라는 없습니다. 그렇기 때문에 경쟁 조건이 동일하지 않다는 느낌을 일본 산업계가 가지고 있는 것입니다. 중국과는 더더욱 다릅니다. 일본은 WTO 체제 안에서는 여전히 중국의 시장 경제 지위를 인정하고 있지 않습니다. 국유기업은 얼마든지 국유 은행으로부터 융자를 받을 수 있고, 적자든 흑자든 상관없는 나라의 덤핑에는 당해낼 수 없다는 생각을 대부분 선진국이 가지고 있습니다.

한편, 한국과는 선진국과 가까운 형태의 산업 협력을 추구해 나가야 합니다. 기술 격차가 많이 줄어들었기 때문에 기초연구나 아시아 전체에서 사용할 수 있는 공공재적인 기술을 중심으로 민간의 성공 프로젝트를 몇 개 만들어 시작하면 좋지 않을까 생각합니다. 안타깝게도 지금까지 한국 정부가 항상 일본에 요구하는 것은 한국은 중소기업이 약하니까 더 협력해 달라는 것이었습니다. 이것은 받아들이는 관점에 따라서는 이미 기술 격차가 줄어들었고 일본보다 훨씬 더 국제 경쟁력을 갖춘 기업이 있음에도 불구하고 계속해서 지원을 요구하고 있는 것으로 받아들여질 위험성이 있습니다. 국부펀드에 의한 일본 중소기업의 인수가 시작되면 감정적인 반발이 일본 국내에서 더 나올 것으로 우려됩니다.

다만, 한국을 대표하는 기업과의 전략적 제휴나 공동 사업이 진행되면 정보량이 증가하고 그것이 결국 중소기업으로 확산될 가능성은 있다고 봅니다. 이에 따라 정부 차원에서는 이종윤 부회장님이 말씀하신 것처럼 사람의 이동, 자격의 공통화, 안전기준 등에 대해 충분히 협력해 나갈 여지가 있다고 생각합니다.

지금 일본 기업도 외국인의 우수성을 깨닫고 있습니다. 저희 대학에서도 제일 먼저 취직이 정해지는 것이 일본에서 자란 중국인, 다음이 한국을 포함한 유학생입니다. 모두 우수하고 언어도 되고 일본인의 생각도 잘 이해하고 있으며 입사 후 세계 여러 나라에 가 줍니다. 외국계 기업이 빠르게 채용하는 측면도 있지만, 이렇게 외국인이 먼저 취직되고 난 다음 일본인이 채용됩니다. 그것은 시장이 이미 그렇게 움직이고 있다는 것을 의미합니다.

한·일 양국 인재의 경우에도 조금만 지원해 주면 잘 되지 않을까 생각합니다.

세 번째로, 이것은 여전히 큰 문제라 생각되는 것으로, 한국은 항상 한·중·일만을 말한다는 것입니다. 반면 일본은 항상 ASEAN과 중국을 저울질하고 있습니다. 일본계 기업의 직접투자도 한국처럼 중국에 집중하고 있지 않습니다. ASEAN과 중국에 골고루 분산하고 있는데 이익률은 ASEAN이 아직 압도적으로 높습니다.

그러니까 전부 중국에 투자할 생각은 없고, 다들 리스크 분산을 고려해 중국 플러스 ASEAN 국가, 또는 중국 플러스 ASEAN 전체에 투자하고 있습니다. ASEAN의 규모는 6억 명에 가까워 결코 작지 않고, 고령화도 아직 진행되고 있지 않아 잠재력이 높은 시장입니다.

이런 상황에서 중국의 대항세력counter power으로서 항상 ASEAN이 완충 역할을 해 주는 것이 일본 입장에서는 마음이 편합니다. 반면 한국은 항상 한·중·일 외에는 관심이 없는데, 이것은 동아시아 공동체에 대한 목표와 전혀 맞지 않습니다.

마지막으로 한 가지 말씀 드리자면, 정책 담당자들 사이에서 한·중·일 3국간 회의가 오늘날 정말로 많이 이루어지고 있고 정부도 적극 협력하고 있습니다. 한·중·일 각료회의를 담당하지 않는 부처가 없을 정도입니다. 실무적으로는 다양한 협력이 진행되고 있는데 정치가 관여하는 한 한·중·일이라는 틀이 일본 입장에서는 그다지 반갑지 않다고 느끼는 사람이 많을 것입니다. 한편, 한국은 중국과 일본 사이에 다양하고 복잡한 문제가 있기 때문에 한국이 그 사이에서 주도적 역할을 해야만 협상이 진전될 것이라고 생각하는 것 같습니다.

하지만 일본의 경험상 한국이 한·중·일 관계에서 일본 편에 선 적은 거의 없습니다. 중국 편에 서는 것도 아니지만 중국의 생각을 배려해서인지 침묵하는 경우가 많습니다. 따라서 정말로 한·중·일이라는 틀을 한국에 바람직한 틀로 하고 싶다면 선진국과의 제도화라는 의미에서는 한·일이 훨씬 더 가까우므로, 지금 말씀하신 것처럼 한·일 양국이 중심이 되어 중국을 국제기준 쪽으로 유도해 나가야 할 것입니다. 하지만 한·중·일 간 회의 자리에서 한국은 거의 발언하지 않기 때문에 상황은 진전되지 않고 있습니다. 이러한 틀을 재검토하는 것도 한 가지 방법이라고 생각합니다.

어쨌거나 일본, 한국 모두 숙제를 안고 있고, 경제 협력이라는 면에서 수준이 다르다는 점을 고려해야 합니다. 한·중·일인지, 한·중·일 플러스 ASEAN인지는 일본 입장에서는 매우 큰 차이고, 10년이 지나도 FTA조차 체결하지 못하고 있기 때문에 이 3국

간 틀을 어떻게 할 것인지, 한·중·일이라는 3국 간 틀을 우선할 것인지, 이제는 명확히 해야 할 시점에 와 있다고 생각합니다. 일본 입장에서는 TPP 참여 문제, 한국 입장에서는 중국과의 양국 간 협상 개시 결정과도 관련이 있기 때문에 시간은 많지 않습니다.

이종윤 방금 전 일본이 '강대국 모델'이기 때문이라고 말씀하셨는데, 이에 대해 한 가지 지적을 하도록 하겠습니다. 일본은 지금의 경제 규모에 비해 무역 규모가 작은 것은 사실입니다. 그러한 의미에서 국내 시장 중심의 사고방식을 갖게 될 수 있습니다.

다만, 미국과 비교했을 경우 어떤가 하면, 미국은 수출입을 하지 않아도 성립하는 경제권이지만 일본은 제가 이해하기로는 수출입이 없으면 일본 경제는 성립되지 않습니다. 때문에 무역 의존도는 낮지만 무역에 의지하는 것의 중요성은 다르지 않습니다. 그런 의미에서 일본의 생각은 어떤 의미에서 수정할 필요가 있지 않을까 생각됩니다. 무역 의존도가 낮기 때문에 일본이 타국과의 관계 없이도 해 나갈 수 있다는 생각은 조금 설득력이 부족하다고 생각합니다.

다음으로, 오늘날 한국 대기업 중에는 일본보다 국제 경쟁력을 갖춘 곳이 있음에도 불구하고 아직도 중소기업 육성을 위해 일본의 협력을 얻는 것은 문제가 아닌가라는 의견에 대해서 말씀 드리겠습니다. 지금 시점에서 일본에 그러한 부탁을 하는 것은 어떤 의미에서는 말씀하신 게 맞을 수도 있습니다. 다만 제가 앞서 강조하고 싶었던 것은 EU와 비슷한 경제권을 만약 한국과 일본 간에 구축하고 일본에서 남아도는 중소기업의 경영 자원을 한국의 중소기업이 활용한다면 결과적으로 일본의 생산성을 높이는 데 기여하지 않을까 하는 점입니다. 그러한 의미에서 서로 협력하는 것이 한국에도 이익이 되고 일본에도 이익을 가져올 것입니다. 왜냐하면 아시다시피 한국과 일본 간에는 수평 분업이 진행되고 있고 한국 중소기업이 약하면 그만큼 일본의 완제품 등의 경쟁력이 떨어지게 됩니다. 그러니까 한국 중소기업의 역량을 높이는 데 기여하는 것은 한국을 위해서도 이익이 되지만 일본 입장에서도 마이너스가 되지는 않는다, 오히려 플러스가 된다, 그러한 발상을 도입할 필요가 있다는 것이 제 생각입니다.

한국, 일본, 중국의 관계에 대해서는 동아시아라는 차원을 생각해서 한국, 일본, 중국, 여기에 ASEAN 국가들을 더한 하나의 경제권을 생각하고 있습니다. 이에 대해서는 후카가와 씨의 의견에 동의합니다.

흔들리는 글로벌 스탠더드
한 · 일 연계를 통해 동아시아 공동체의 주도권을

후지야마 한 · 일은 수요를 하나로 합치면 세계에서 강한 바게닝 파워를 가질 수 있습니다. 이것은 예전부터 가지고 있었던 지론입니다. 그리고 수출 면에서도 가치사슬value chain의 강점을 접목하고 한 · 일 양국 정부가 이것을 뒷받침하는 전략을 충분히 생각할 수 있습니다. 여기서 더 나아가 방금 이종윤 부회장님께서 말씀하신 것처럼 표준화가 중요합니다. 그리고 공동 기술개발R&D 추진에도 협력할 수 있습니다. 한 · 일은 가장 협력하기 쉬운 두 국가이므로 활발하게 협력을 추진하는 것이 좋다고 생각합니다. 첫 번째 내용이 상당 부분 성공을 거두고 있다는 사실은 제가 여기서 몇 번이나 말씀 드린 바와 같습니다. 두 번째, 세 번째에 대해 추진해 나가는 것이 앞으로의 과제인 것 같습니다.

조금 다른 관점에서 말씀 드리겠습니다. 더 큰 이야기가 되는데요, 방금 전 이종윤 부회장님의 말씀에서 리먼 쇼크 이야기가 나왔습니다. 확실히 그 후 세계는 바뀌었다고 실감하고 있습니다. 리먼 쇼크 후의 세계 경제의 특색을 두 가지로 정리한다면, 첫째, 선진국 정부는 총 수요의 환기에 실패했습니다. 녹색 경제green economy라는 것을 내걸었는데 주로 재정적자에 대해 시장이나 국민이 엄격하게 바라보면서 새로운 수요의 환기에 실패했습니다.

두 번째는 금융제도 개혁입니다. 이것이 어중간하게 추진돼 이념적인 금융제도 개혁을 구체적으로 현실화하는 데에 실패했습니다. 은행의 신용력을 높인다는 명목으로, 미국에서는 하나의 큰 움직임으로서 투자은행이 힘을 잃고 상업은행 산하로 들어갔습니다만, 펀드의 규제는 이루어지고 있지 않습니다. 신용평가기관의 투명성도 아직 확립되지 않았습니다. 그러면서도 여전히 신용평가기관이 세계를 평가하고 있습니다. 국가까지도 평가하고 있습니다. 이 두 가지 사실로부터 할 수 있는 말은 지금 일종의 글로벌 거버넌스의 위기가 찾아온 것이 아닐까 하는 것입니다.

글로벌 거버넌스란 유럽에서 생겨나 미국에서 확산된 개념으로, 여기에 일본이 동참한 것입니다. 글로벌 거버넌스의 요소로 저는 항상 4개 정도를 드는데요. 하나는 개인의 확립에 의한 민주주의입니다. 이것은 꽤 보편적인 개념일 수도 있습니다. 둘째는 시장주의입니다. 셋째는 과학기술에 대한 숭배랄까 신앙이랄까, 과학기술에 대한 강한 신뢰감입니다. 넷째는 윤리관입니다. 이 윤리관이라는 것은 말하자면 그리스 로마에서 생겨난 기독교를 중심으로 한 윤리관입니다. 유럽과 미국의 리버럴 아츠liberal arts가 그 바탕에 있습니다. 이 네 가지 세트가 글로벌 스탠더드를 만들어 왔는데, 이 글로벌 스탠더드 자체가 흔들리고 있다고 생각합니다. 리먼 쇼크 후의 두 개의 커다란 실패, 총 수요 환기의 실패와 금융제도 개혁의 실패로 인해 이것이 더욱 더 크게 흔들리고 있다고 할 수 있습니다.

단적으로 말하면, 2010년의 세계 생산 중 미국과 EU가 차지하는 비율은 50% 정도이며, 일본을 포함해도 58%에 그칩니다. 2000년에는 72% 정도였는데 지금은 이 정도밖에 되지 않습니다. 앞으로 고도 성장이 기대되고 있는 것이 브릭스BRICs인데, 앞으로 브릭스 국가들을 글로벌 거버넌스 안에 편입시켜 나가지 않으면 그들의 발언권은 더욱 더 강해질 것입니다. 지금 세계의 정치·경제적인 위험 요소risk 중 대부분이 이러한 흐름의 선상에 있는 것은 아닐까 합니다.

일본이나 한국은 글로벌 스탠더드라는 면에서 비슷한 위치에 있다고 생각됩니다. 일본은 유럽이나 미국 이외의 국가로는 최초로 글로벌 스탠더드를 도입한 나라이기 때문에 도입의 어려움이라든지 도입 후의 심리적 모순 등에 대해 가장 잘 이해하고 있습니다. 그 뒤를 이어 한국도 글로벌 스탠더드를 도입했기 때문에 ASEAN 국가보다는 글로벌 스탠더드라는 흐름을 타는 데 더 성공했습니다.

다보스 포럼이 지난 1월에 열렸는데 주제가 'Shared Norms

for the New Reality(새로운 현실을 위한 규범의 공유)'였습니다. 즉, 유럽, 미국, 일본이 저성장으로 인해 문화적 선도력, 정보 선도력, 경제적 선도력을 상실한 반면 중국, 브라질, 인도, 러시아가 성장하고 있는 가운데, 지금까지의 글로벌 스탠더드 안에서 개혁을 한다는 느낌으로 규범에 대해 함께 생각해 보자고 다보스 포럼이 신흥국에 제안한 것입니다.

다행인지 불행인지 중국, 러시아, 인도, 브라질이 가지고 있는 규범이나 문화적 전통은 아주 뿌리 깊지는 않아, 각각 어떤 형태로 새로운 규범을 만들어 가는 데 기여할 것인지는 앞으로 지켜봐야 할 것 같습니다. 적어도 한·일은 구미 이외의 나라로서는 이러한 흐름에 상당히 적극적으로 동참해 왔기 때문에, 또 이에 따른 고통에 대해서도 잘 알고 있는 나라이기 때문에, 중국이나 인도에 대해 같은 아시아 국가의 입장에서 커뮤니케이션이 가능하다는 이점이 있습니다. 먼저 이러한 커다란 문화적 조류에 대해, 한국과 일본이 느끼는 것, 어떤 부분이 다르고 어떤 부분이 같은지 등, 가능한 한 하나가 돼 중국이나 인도 등의 국가들과 함께 입장을 정해 나갈 필요가 있다고 생각합니다.

이종윤 글로벌 스탠더드의 경우, 사실 글로벌 스탠더드 자체가 이미 정해진 것이 아니라 현재 진행형이기 때문에 어디가 스탠더드(표준)가 될 것인지에 주목할 필요가 있다고 생각합니다. 그러한 의미에서 한국, 일본이 중심이 돼 동아시아 각국과 관계를 구축하고, 한·일의 기준이 표준이 될 수 있도록 노력할 필요가 있지 않을까 생각합니다. 지금까지는 미국이나 유럽에 일방적으로 휘둘려서 그들의 것이 우수하다고 생각하고 받아들여 왔고, 그들의 이익에 공헌하는 데 우리가 뒷받침하는 역할을 해 온 측면도 적지 않습니다. 하지만 역학관계가 일방적이지 않은 지금 시대에는 우리가 스탠더드를 만들 수 있지 않을까요. 그런 의미에서도 동아시아 공동체를 구축하는 것이 한·일 양국을 중심으로 한 스탠더드를 만드는 계기가 되지 않을까요. 지금은 세계 경제 질서가 매우 흔들리고 있는 상황에 있기 때문에 우리의 새로운 스탠더드 창출에 좀 더 관심을 가질 필요가 있다고 생각합니다.

대지진으로 전력 부족에 빠진 일본, 한국 측 프로젝트 상대로부터 긴급 융통

후쿠가와 이종윤 부회장님이 현재 활동하고 계시는 한일경제협회나, 그 카운터파트인 일한경제협회 등 경제인의 교류는 기존에도 오랫동안 이어져 왔습니다. 각종 회의도 활발하게 이루어지고 있고 왕래도 빈번합니다. 이러한 현재의 한·일 관계를 볼 때 양국 간 교류에 대해 어떻게 생각하시는지요? 방금 전 한·일 공동 경제연구소라는 제안이 있었는데 어떤 새로운 공헌을 해 나가면 한·일이 강해질 것인지, 혹은 동아시아 공동체를 염두에 둔 한·일 관계의 방향성이 있는지, 방향성을 설정하기 위해서는 어떤 생각을 하고 어떤 행동을 하면 되는지, 저희는 자유로운 입장에서 적극적인 제안을 하고 있는데 뭐든 시사점이 있으면 말씀해 주시기 바랍니다.

이종윤 이에 대해서는 앞서 말씀 드린 내용을 반복하게 됩니다. 후카가와 씨가 지적하신 것처럼 시장 주도로 하면 되니까 필요 없다는 의견도 있습니다만, EU가 하나의 모델이 될 수 있지 않을까 생각합니다. 물론 EU와 같은 수준까지 갈 필요는 없다고 봅니다. 중앙은행을 만들고 통화를 통일하지는 않더라도 하나의 경제권으로 만들어 국가 간의 차별을 없애거나 혹은 개별 국가의 기준을 뛰어넘어 기업이 합리적인 경제활동을 할 수 있도록 하는 것입니다. 이러한 것을 관련 국가가 결정해서 추진하지 않으면 경제공동체는 달성하기 어렵다고 생각합니다. 가능한 한 하나의 목표를 만들고 그 목표를 향해 한 걸음씩 나아가도록 하는 것, 어느 정도 시간이 지나면 비슷한 수준에 도달할 수 있도록 하는 것이 제 기본적인 생각입니다.

고레나가 저에게 일한경제협회 일을 맡으라고 미쓰비시상사의 사사키 회장님께서 말씀하신 지 정확히 1년이 지났습니다. 그간 다양한 경험을 해 왔는데 회의를 위한 회의가 있었던 것도 사실이고, 이 부분은 바꾸어 나가야 한다고 생각합니다. 저도 이 포럼과 같은 자리에서 제가 어떤 기여를 하는 것이 바람직한지, 회의 자리를 통해 어떤 발언을 할 것인지 생각해 왔습니다. 제 경우를 말씀 드리면, 저는 얼마 전까지만 해도 어떤 의미에서 일본의 자원 확보의 최전선에서 오랫동안 일해 왔기 때문에 자신의 전문 분야에서 경험한 것을 바탕으로 기여하는 것이 제가 할 수 있는 일이 아닐까 생각하고 있습니다.

FTA의 경우에도 양국 정부가 좀처럼 서로 양보할 수 없는 부분이 있는 것은 사실입니다. 제 경험을 바탕으로 말씀 드리면 방금 전에 후카가와 씨가 말씀하신 것처럼 일단 구체적인 프로젝트를 두세 개, 가능하다면 다섯 개, 여섯 개 만들어 보는 것이 중요한 것 같습니다. 예를 들면 포스코와 신일본제철의 프로젝트라든지 스미토모상사의 프로젝트 같은 것입니다. 이것은 자화자찬이 될지도 모르겠습니다만, 미쓰비시상사와 한국가스공사KOGAS의 LNG 프로젝트도 사실은 성사되기까지 많은 우여곡절이 있었습니다. 하지만 어쨌거나 일단 해보자 해서 시작했는데 시작 직후 바로 동일본 대지진이 발생했습니다. 그래서 KOGAS 측이 일본에 LNG를 긴급 제공함으로써 일본의 한 전력회사에 100만 톤을 보낼 수 있었습니다. 프로젝트를 만들었기 때문에 바로 이러한 천재지변 등의 비상시에도 대응할 수 있었던 것입니다. 그러니까 한·일 경제 협력이라는 큰 주제에 대해 저 같은 민간인은 개별 프로젝트나 사업, 비즈니스를 어떻게 하면 할 수 있을지 항상 고민하는 길밖에 없습니다.

그렇다면 여기에 정부의 힘은 필요 없는가. 아닙니다. 필요합니다. 다만 그것은 이종윤 부회장님께서 말씀하신 것처럼 한꺼번에 이루어지는 것이 아니라 정부가 할 수 있는 부분부터 먼저 정부의 도움을 받으면서 추진해 나가면 된다고 생각합니다. 예를 들면 프로젝트를 만들고, 정부가 이른바 제도금융, 예를 들어 국제협력은행JBIC이나 한국의 은행 등과 제휴하고, 그 프로젝트를 재정적인 측면에서 지원하는 것입니다. 이것을 좀 더 진행시키면 새로운 PPP Public Private Partnership의 이른바 민·관 연계가 이루어질지도 모릅니다. 이렇게 볼 때 저는 제 전문 분야에서 기여할 수 있는 부분이 있지 않을까 생각합니다.

이종윤 2004년 11월부터 중단된 한·일 FTA 협상을 그대로 방치하지 않고, 할 수 있는 것부터 하나씩 해 왔다면 아마 지금쯤 상당히 달라졌을 거라고 생각합니다. 시장 메커니즘에 맡기면 진전되겠지…가 아니라, 우리에게 큰 영향을 주지 않는 것부터 하나씩 해결해 나가면, 당시에는 걸림돌로 생각되었던 것이 다음 단계에서는 쉽게 극복할 수 있는 것으로 변합니다. 그렇게 해 나가면 어느덧 하나의 경제권과 비슷한 수준에 도달할 수 있을 것이라고 생각합니다.

중국의 대국화와 북한의 재부상
한 · 일 공동 전략을 어떻게 짤 것인가

오코노기 오늘은 매우 큰 이슈가 주제이기 때문에 정치적인 이야기도 해볼까 합니다. 리먼 쇼크도 그렇고 이번 동일본 대지진도 그렇습니다만, 이러한 것들을 경험하면서 일본이 지금 느끼는 것은 결국 우리는 앞으로 경제든 정치든 규모 면에서 성장할 일은 없을 것이라는 막연한 느낌입니다. 그렇기 때문에 더더욱 전략이 필요합니다. 성장하고 있을 때는 전략이 거의 필요하지 않고, 상식에 따라 하기만 하면 됩니다. 1980년대의 일본은 그랬습니다. 지금의 중국도 그렇습니다. 하지만 규모가 줄어들 때는 전략이 필요합니다. 축소 후에도 영향력을 유지하기 위한 전략을 열심히 고민해야 합니다.

이러한 관점에서 중국, 일본, 한국을 보면, 중국은 일본을 따라잡고 앞으로 점점 더 규모가 커지겠지만, 따라 잡힌 일본은 점점 더 축소될 것입니다. 그리고 다음은 어느 나라의 추격을 받을 것인가. 독일일지도 모릅니다. 그럼 한국은 어떨까요? 한국은 성장하고는 있지만 규모의 관점에서 보면 중규모 이상의 국가가 되지는 않을 것이라고 생각됩니다. 따라서 이런 3국의 관계를 고려할 때 어떤 전략이 필요할지 생각해 보면, 역시 한·일 간의 연계가 중요하다고 생각합니다. 이 3국 관계를 생각할 때 일본과 한국이 협력해 나가는 것이 중국과 경쟁의 일부가 될 수도, 협력의 일부가 될 수도 있습니다. 한·일 전략적 연계의 토대를 구축했을 때 비로소 중국과 협력도 할 수 있고 경쟁도 할 수 있습니다. 지금 앞서 얘기가 나온 자원 조달, 표준화, R&D 등에서 한·일 양국이 진정으로 협력할 수 있다면 매우 흥미로운 방향으로 전개될 것으로 생각됩니다.

동일본 대지진과 관련된 한·일 협력에서 한·일 양국은 큰 기회를 잃은 것 같습니다. 즉 대지진이라는 비극을 맞아 한·일 양국이 이만큼 협력할 수 있다는 것을 구체적인 예로서 보여줄 수 있는 기회였음에도 불구하고 그것을 제대로 하지 못했습니다. 제일 잘 된 것은 아시는 바와 같이 미군의 '도모다치 작전'으로, 피해를 입어 사용 불능 상태에 빠진 센다이 공항을 재건해 준 것입니다. 물자 조달을 센다이 공항을 통해서 했기 때문에 이것은 매우 큰 협력이었습니다. 호주가 다음으로 큰 역할을 해 주었습니다. 호주의 군용기가 일본 자위대 대원을 오키나와에서 요코타로 이송한 것입니다. 이것은 일반적으로 생각할 수 없는 일이지만 미국 호주 안보 체제와 주일 미군기지가 이것을 가능하게 했습니다. 한국의 경우, 일본 측도 요청할 수 있는 상태가 아니었고, 한국도 요청받지 않았기 때문에 할 수 있는 입장이 아니었으리라고 생각되기는 하지만, 만약 호주가 한 것과 같은 지원을 함으로써 한·일 간 협력 체제의 실례를 극적으로 보여줬다면 상당히 큰 인상을 줄 수 있었을 것이라 생각됩니다. 물론 한국의 구조대가 일본의 재해지에서 건물 더미를 제거해 준 것만으로도 많은 일본인은 눈물을 흘리고 기뻐했을 것입니다.

오늘 이야기가 나온 것은 타당한 견해라 생각하지만, 정치적으로도 구체적인 예를 제시해 나가는 것이 중요합니다. 한·일 양국은 이런 협력을 할 수 있다는 사실을 보여줌으로써 전략적 연계의 가능성이 생겨납니다. 그것이 중국과의 관계에도 매우 중요합니다. 북한 문제에 대해서도 언급하고 싶은데요. 오늘의 주제와는 관계가 없기 때문에 한 말씀만 드리겠습니다. 중국이 대국화함으로써 북한이 다시 일어서고 있기 때문에, 중국의 대국화에 어떻게 대응할 것인지가 사실 한·일 공통의 큰 과제이며, 그것은 전략 없이는 대응할 수 없는 문제라고 생각합니다.

제조업 협동 프로젝트에
한·일 양측의 강점을 활용

문대철 오늘의 주제는 매우 큰데 저는 기업의 입장에서 간단히 말씀 드리겠습니다.

일본, 한국 모두 가장 강점을 지닌 분야는 제조업입니다. 최근에는 한국도 어느 정도 일본과 협력할 수 있는 역량을 갖추었으며 삼성도 일본 기업과 협업하고 싶다는 생각을 강하게 가지고 있습니다. 특히 일본이 기술적으로 앞서가고 있는 환경이나 의료 등의 분야에서 삼성은 일본 기업과 다양한 연계를 원하고 있습니다. 예를 들면 일본이 뛰어난 기술을 보유한 분야에서, 국내 수요가 어느 정도 있기 때문에 내수는 일본 기업이 맡고, 글로벌하게 전개할 때는 삼성의 글로벌 네트워크를 활용하는 형태로, 일본 기업과 삼성이 협업해 나가는 것도 좋을 것입니다. 협업, 분업과 같은 민간 차원의 협력이 활발히 진행된다면 한·일 관계는 특히 산업 면에서 매우 큰 결실을 맺지 않을까 기대하고 있습니다.

구로다 이종윤 부회장님의 기조강연을 비롯해 후지야마 씨, 고레나가 씨, 오코노기 씨가 말씀하신 것처럼 한·일 양국이 협력해야 하는 이유는 많다고 생각합니다. 한편, 후카가와 씨가 말씀하신 것처럼 협력을 저해하는 상황이 존재하는 것도 사실입니다.

저도 작년 여름 3년 만에 미국에서 돌아왔는데, 한국을 바라보는 시선이 3년 만에 극적으로 바뀌었습니다.

일본에서 볼 때 한국은 산업 면에서도 경쟁력을 갖춘 라이벌이고, 정책 면에서도 특히 FTA 등 일본이 하지 못하는 것을 하고 있는, 어떤 의미에서는 정책 선진국이기도 합니다. 대일 투자나 외국 기업 유치 등의 부문에서도 한국은 싱가포르 등과 나란히 매우 활기차게 인천 등을 기치로 삼아 활동하고 있습니다. 일본이 한국을 본받아야 한다는 생각이 일본 정부 내에서, 또 정치가들 사이에서 급속하게 확산되고 있습니다. 이러한 분위기나 실태와, 한국 측이 제시하는 견해 사이에는 간극이 적잖게 있고, 후카가와 씨도 지적하셨듯이 이러한 간극을 어떻게 뛰어넘을 것인지가 큰 과제라고 느끼고 있습니다.

할 수 있는 것부터 프로젝트 베이스로 하나씩 해 나가는 것은 매우 좋은 방법이라고 생각합니다만, 거기에서 한 단계 발전하려면 무엇인가 큰 계기가 필요합니다. 북한 문제 등은 정치적으로는 큰 발전의 계기Break through가 될 수 있는데 그 결과가 어떤 방향으로 나타날지는 명확하지 않습니다. 중국 문제도 그렇습니다. 그런 의미에서 저는 한·일 관계에 직접 관여하고 있지는 않지만 이번 이야기를 듣고, 그러한 과제와 현실, 그리고 가능성에 대해 인식을 새로이 할 수 있었습니다.

제5장

일본의 발전 경험을 주시하라

중소기업 보호,
그 울타리를 걷어내라

1

2008년 미국 발 금융위기 이후 세계 경제는 여전히 침체 상태에서 벗어나지 못하고 있다. 이 와중에 2012년 일본 아베 정권의 출범과 더불어 엔저·원고가 급속히 진행됨으로써 한국 수출기업이 극심한 어려움에 직면하고 있다.

그러면 우리는 급변하는 엔저·원고에 어떻게 대응해야 할까.

기본적으로는 우리도 미국이나 일본과 마찬가지로 통화량 증가와 이자율 하락을 통해 원저를 유도해야 한다. 그런데, 원저 유도와 동시에 추진해야 할 것이 하나 더 있는데, 바로 산업 조직을 재편해 보다 능률적인 생산체제를 갖추도록 하고 원가 절감을 실현하는 일이다.

세계 경제의 불황으로 인한 산업별 수요 축소에 적응하기 위해서는 주요 산업을 중심으로 한계기업들을 정리하고 관련 기업의 통합을 유도함으로써 능률적인 생산과 규모의 경제를 추구해 가도록 해야 한다. 이러한 구조조정의 추진은 대기업뿐만 아니라 중소기업도 그 대상이 돼야 한다. 지금까지 우리나라의 산업 정책은 중소기업을 보호하려고만 했을 뿐 체질 개선을 통해 경쟁력을 강화시키려는 의식이 약했다. 근래에 제기된 '중견기업 육성론'은 더 이상 이런 상태를 방치해서는 안 된다고 하는 문제의식에서 나왔다고 하겠다.

우리나라 중소기업의 경우 취약한 존립 형태, 하청 구조, 그리고 강한 정책적 보호 구조가 그 특징이라고 할 수 있는데, 이번 기회에 우리 중소기업의 체질을 강화시킬 수 있는 특단의 노력이 요구된다.

체질 강화의 목표는 '기술집약적 전문기업' 육성이다. 정책의 방향도 약한 기업을 보호하는 정책에서 벗어나 통폐합을 통한 규모의 대형화와 이 대형화를 바탕으로 한 기술개발 노력을 지원하는 쪽으로 전환돼야 한다.

중소기업의 존립 형태로서 대기업 하청 방식이 불가피한 면은 없지 않으나 지금대로라면 성장 및 체질 강화에는 한계가 있을 수밖에 없다. 그 한계를 넘어서기 위해서는 대규모화와 기술 집약화를 통해 전문기업이 돼야 한다. 또한 국내 특정 대기업에 대한 지나친 구속을 지양하고 판매 활동을 국내의 다른 관련 기업과 세계 시장으로까지 확대할 수 있는 경영 환경을 조성해야 한다. 다시 말해서 홀로서기가 가능하도록 전문기업화를 유도함과 동시에 계열 거래 일변도에서 탈피해 해당 부품시장에서 경쟁적 거래의 폭을 확대시켜 나가도록 해야 한다.

대기업의 경우에도 지나친 독과점화는 지양해야 할 것이나 가능한 범위 내에서의 통폐합 유도를 통해 규모의 경제화를 극대화하고, 각 기업이 가진 이질적 기술이 통합 과정에서 시너지 효과를 거둘 수 있도록 하는 노력이 요구된다. 통합된 기업이 가진 영업망을 적절히 재조정해 국내외의 영업력을 크게 높일 수 있음은 말할 필요도 없다. 최근의 해외 건설 수주에서 나타나는 출혈경쟁에서 보듯이 과당경쟁으로 인한 수익성 악화를 막기 위해서라도 통폐합은 필요하다고 하겠다.

2008년 미국 발 금융위기로 인한 세계 경제의 불황 속에서도 한국은 엔고의 급속한 진행으로 말미암아 수출시장 점유율을 높일 수 있었기에 나름 선방할 수 있었다. 하지만 세계 경제의 불황이 계속되는 와중에 엔저·원고가 가세함으로써 한국 경제의 침체 상태가 가속될 것으로 예상되는 바, 중소기업의 체질 강화를 위한 특단의 대책이 시급히 요구된다고 하겠다.

일본 중소기업 어떻게 강해졌나?

2

한국 경제에서 가장 취약한 분야가 중소기업이라는 사실은 부인하기 힘들다. 중소기업만 일본 수준에 도달하면 한국 경제도 명실공히 선진 경제라 불릴 수 있을 것이다.

박근혜 정부도 이 점을 알고 스스로 '중소기업 정부'를 표방할 정도로 중소기업 육성에 힘을 기울이고 있다. 다만 어떠한 방법으로 육성할지에 대한 '발전 틀'이 분명히 제시돼 있지는 않은 것 같다.

우리 중소기업 육성 정책 발굴을 위해서는 일본 중소기업의 발전 과정에 주목할 필요가 있다고 판단되는 바, 일본 중소기업 발전 과정에서의 몇 가지 특징을 아래와 같이 지적해 보기로 한다.

첫째, 모기업과 하청 기업이 경영권을 침해하지 않는 수준에서 상호 출자하도록 해 이해관계를 일치시킨 후 하청 기업의 기술 개발 과정에 모기업이 가진 기술 개발력을 활용하도록 했다. 기술 개발 과정에서의 모기업과 하청 기업 간의 이러한 협력체제 구축은 하청 중소기업의 신기술 개발에 유리하게 작용했을 뿐 아니라 하청 중소기업의 기술 개발력을 제고시키는 데 크게 기여했다. 초기에는 하청 중소기업의 제품 생산이 모기업의 설계도에 따라 생산되는 대여도 방식이었으나 점차 설계도 개발을 하청 중소기업이 주도하는 승인도 방식으로 변화돼 갔다는 사실이 이러한 관계를 단적으로 나타내고 있다.

둘째, 모기업이 하청 중소기업에 발주할 때 특정 기업에만 발주하지 않고 2~3개의 하청 업체를 경쟁시키는 방식을 택했다. 이에 따라 각 하청 업체는 수주량을 늘리기 위해서 제품의 질을 높이고 원가를 낮추는 노력을 부단히 하지 않을 수 없었다. 여기에 그치지 않고 하청 업체가 모기업이 아닌 다른 조립 기업에도 납품이 가능하도록 했다. 따라서 당해 하청 업체는 그만큼 수요 확대를 위해 노력하게 됐고, 점차 전문기업으로 발전해 갈 수 있었다.

셋째, 수출 중소기업과 종합상사의 적극적 제휴다. 중소기업의 수출 경쟁력을 강화하기 위한 종합상사의 활동들을 살펴보면, 먼저 중소기업의 생산 활동에 투입되는 원자재의 단가를 대량 취급

을 통해 인하시켰다. 그리고 일본 종합상사의 세계적 유통 조직
망을 적극 활용해 해외시장 개척 및 유통비용 축소를 실현, 수출
증대를 가능하게 했다. 또한 중소기업은 종합상사의 신용을 활용
해 금융권으로부터 자사의 신용도로는 얻을 수 없는 저리의 자금
을 차입해 적기에 활용할 수 있었다.

넷째, 일본의 경우 불황이 닥치면 관련 기업 간 통폐합을 유도
하는 규모의 경제 극대화를 통해 경영 체질을 개선시키는 방법으
로 불황을 극복해 왔는데, 이와 같은 통폐합을 통한 체질 개선 노
력을 모기업에 국한하지 않고 관련 하청 중소기업에도 적용했다.
요컨대 하청 기업 간 통폐합을 통해 규모의 경제와 범위의 경제
를 제고시킴으로써 원가 인하 및 기술 개발력 강화를 유도했다.

이상에 걸쳐 살펴본, 일본 중소기업이 대외 경쟁력을 갖게 된
프로세스의 포인트는 다음과 같다.

첫째, 하청 중소기업의 발전 과정에 모기업을 활용함에 있어서
양자 간에 무리한 방법이 아닌 서로가 윈-윈할 수 있는 방법을
찾았다는 점이다. 즉, 하청 중소기업의 발전을 지원하는 것이 모
기업에도 이익이 되는 구조를 창출함으로써 모기업은 자사의 이
익을 위해서라도 협력에 적극적일 수 있었다.

둘째, '경쟁을 통한 발전'을 유도했기에 하청 기업이 전문기업
으로 발전했고, 규모 면에서도 중소기업에서 중견기업으로 성장

할 수 있었다는 점이다.

　마지막으로, 종합상사와의 기능적 분업 관계에서 보는 바와 같이 대외 유통 활용에서 중소기업이 가진 취약 부분을 극복할 수 있는 보완적 시스템을 정비시켰다는 점을 들 수 있다. 이러한 일본의 경험은 한국 중소기업의 발전을 위해서도 적지 않은 참고가 될 것으로 판단된다.

노벨상 받는 일본 이공계의 저력

3

올해도 일본은 이공계 분야에서 노벨상 수상자를 배출했다. 이로써 일본은 기초과학 분야에서만 19명의 노벨상 수상자를 배출했다.

일본이 과학 분야에서 노벨상을 많이 배출한 것은 다음 두 가지 사실에 기인한 바가 크다고 본다. 첫째는 이공계 연구자가 연구 활동을 활발하게 할 수 있는 연구기반시설을 정비시킨 점이다. 아무리 좋은 아이디어가 있어도 그것을 실험해보고 검증해 볼 수 있는 연구기반시설이 정비되어 있지 않으면 그 아이디어가 좋은 연구 성과로 연결될 수 없음은 말할 필요도 없을 것이다.

둘째, 연구자가 안심하고 연구 활동에 전념할 수 있도록 연구 활동 신분을 보장한 것이다. 일본의 경우 도덕적 문제를 일으키지 않고 성실히 연구에 전념하는 한, 대학이건 연구소건 심지어 기업에서조차도 안심하고 연구 활동을 지속할 수 있도록 암묵적으로 신분을 보장하는 것으로 알려져 있다. 한 가지 문제의 해결을 위해 평생을 걸고 전념할 수 있도록 하는 연구 환경의 존재가 많은 연구 성과를 낳게 했으며 이러한 연구 분위기야말로 노벨상 수상자를 배출하는 가장 중요한 조건이 되었다고 생각한다.

한국 경제가 한 단계 더 발전하기 위해서는 우수 인재가 이공계로 몰려야 하는데 현실은 그렇지 않다. 우수 인재는 의대와 법대로 몰리고 이공계는 외면당하고 있다. 왜 그런 것일까?

무엇보다 대학을 졸업하고 기업에서 활동하는 이공계 출신들의 사회적 지위가 불안정하다는 점이다. 주주 자본주의가 강화된 1980년대 이후 기업은 주주 이익의 극대화를 위해 쉽게 인력 구조조정을 단행한다. 기술은 빠르게 발전해 가는데 기업 현장의 연구·기술 인력들은 직장 내에서 기술 개발 이외의 것들에 시간을 뺏겨 기술 변화를 따라가지 못하고 결국 새로운 기술을 배운 후배들에게 밀리게 된다.

이공계 위기의 본질이 이렇다고 한다면 위기 극복 방향도 먼저 이공계 인재들의 사회적 안정을 확보하고 그 위에서 경쟁을 통해 발전해 가도록 해야 한다. 그리고 그 방법 중의 하나가 '의과대학

교수화'의 예다. 의과대학의 경우 교수들이 학생을 가르치는 기능은 일부고 대부분은 환자를 치료하는 기능이다. 따라서 의대는 다른 학과에 비해 압도적으로 교수의 수가 많다. 이러한 의대 시스템을 공과대학이 차용하고 지금보다 많은 수의 교수를 채용해 기업과 연계한 기술 개발 활동을 적극 추진한다면 공과대학의 기술 개발 교수들은 안정적 지위를 바탕으로 연구 활동에 전념하게 될 것이다.

지금 적지 않은 중소기업들은 우수 연구 인력을 확보하지 못해 경쟁력이 약화되고 있다. 중소기업들이 우수 연구 인력을 활용할 수 있게 하기 위해서는 대학에 '기술개발 교수제'를 두어 중소기업과 연계시켜야 한다.

이를 위해서는 시스템을 어떻게 운용하는가가 중요하다. 대학은 최소한의 교수 인건비만 부담하고 상당 부분은 중소기업들의 연구개발비에서 확보하도록 해야 한다. 더 많은 연구개발비 확보를 위해서는 대학의 연구 환경을 개선하고 기술 개발 교수들이 치열한 경쟁을 통해 기술 개발력을 극대화하도록 하는 시스템을 갖추어야 할 것이다.

여기서 중요한 점은 평균적인 기술 개발 능력을 가지고 성실히 노력하는 교수라면 정년을 보장해야 한다는 것이다. 기술 개발이 부진하고 불성실한 교수가 중도 탈락하는 것은 불가피할 것이다.

이러한 제도의 채택을 통해 이공계 출신들이 기술 개발 활동에 전념할 수 있게 된다면 대학 입시에서 우수한 인재들이 이공계에 몰려드는 효과를 거둘 것이다.

대학 간 해외 유명 학술지 논문 게재 경쟁은 우리의 기술 정보를 유출시킬 뿐 정작 기술 개발에는 별 도움이 안 된다는 지적이 적지 않다. 지금 우리나라에는 많은 연구 인력이 있지만 이들 중 다수가 기업의 기술 개발에 제대로 기여하지 못하고 있는 것으로 평가된다. 논문 게재 경쟁보다 기업의 기술 개발력을 획기적으로 향상시키는 데 전념할 수 있도록 제도 정비가 시급하다.

'자발성'이 있어야 상생 지속된다

4

대기업과 하청 중소기업 간의 거래에서 대기업의 우월적 지위를 이용한 가격 후려치기, 대금 지급 지연 등 여러 형태의 부등가 교환이 이뤄지고 있다는 지적이 나오고 있다. 이를 시정하기 위해 대·중소기업 간 상생이란 이름으로 행정력이 동원되고 있다. 대·중소기업 간 상생은 중소기업 경쟁력을 제고시킴으로써 고질적인 대일 역조 축소, 고용 증가, 내수 증대 등 국민 경제의 안정적 성장 기반 구축에 기여할 것이다. 문제는 양자 간 상생관계를 어떠한 방법으로 실현시킬 것인지에 있다.

현재의 추진 방식은 실상 강력한 행정력에 의존하고 있다는 점에서 행정권이 약화될 경우 빠르게 원상태로 되돌아 갈 수도 있다는 점이 우려된다.

그리고 더 강제하면 대기업들은 구입처를 국내에서 해외로 바꾸거나 생산 활동 자체를 해외로 이전하는 현상도 나타날 것이다. 그렇다면 대·중소기업 간 현재 벌어지는 부등가 교환으로부터 중소기업의 이익을 지키고 경쟁력을 강화해 가기 위해서는 어떻게 해야 할 것인가? 이 문제에 대한 올바른 접근을 위해서는 먼저 대기업과 중소기업의 거래에서 왜 그렇게 심한 부등가 교환이 발생했는가 하는 점부터 따져봐야 한다. 대·중소기업 간의 부등가 교환 관행은 예전에도 있었지만 그 강도가 특히 심해진 것은 한국 경제가 1997년 말 IMF 관리 체제에 들어간 이후 주주 자본주의가 강조되면서부터다.

주주 자본주의 아래서 경영진은 주주 이익의 극대화를 위해 철저한 구조조정과 원가 절감을 달성하도록 강요받았다. 이 요구에 적절히 부응하면 높은 연봉과 엄청난 스톡옵션이 보장되고 그렇지 못하면 일거에 최고경영자 자리에서 물러나는 것이 사실상 제도화됐다. 이러한 제도적 장치야말로 대·중소기업 간 거래의 심각한 부등가 교환을 초래하는 주범이라고 할 수 있다. 따라서 이 제도를 적절히 재조정하지 않는 한 부등가 교환은 쉽게 극복되지 않을 것이다.

다음으로 지적할 수 있는 것은 상생에 대한 기본적인 인식이다. 상생은 대기업과 중소기업이 상호 이익이 된다는 것을 느껴

야지 대기업의 이익을 억누르고 중소기업의 이익을 높여 주는 것만으로는 지속적인 상생 관계가 될 수 없다. 그러면 어떻게 해야 할 것인가? 그 해답은 대기업으로 하여금 중소기업과의 거래에서 등가 교환, 더 나아가 중소기업의 발전을 위해 노력하는 것이 바로 자신의 이익이 되도록 하는 것이다. 그런 모델 가운데 하나를 일본의 종합상사와 중소기업 간 관계에서 찾아볼 수 있다. 일본 종합상사는 대체로 거래 중소기업의 지분을 5~10% 정도 소유하고 있다.

이러한 주식 지분이 갖는 의미는 종합상사 입장에서 해당 중소기업의 경영권에는 관심이 없으면서도 경영 성과에는 관심을 갖지 않을 수 없게 한다는 것이다. 종합상사가 5~10% 정도의 주식을 소유하고 있을 경우 그 중소기업의 경영 실적이 나빠지면 당연히 배당 감소는 물론 재산 가치도 하락한다. 역으로 경영 실적이 좋으면 배당이 늘어나고 자신의 재산 가치도 증대한다. 따라서 해당 종합상사로서는 그 중소기업의 발전을 위해서 최선을 다하려고 할 것이다.

핵심은 대기업과 중소기업 간 자발적 상생을 창출하려면 양자 간에 서로 이익이 되는 구조를 갖춰야 한다는 것이다. 특히 상생의 주도권을 가진 대기업의 경영층으로 하여금 중소기업과의 상생이 곧 자신에게 도움이 된다는 유인책이 있어야 한다는 뜻이다. 현재 정부에서 주도하는 하향식 상생 전략은 단기적으로는 성과를 보일지 몰라도 행정력이 빠져 나갈 때를 대비한 지속 가능성 측면에선 한계를 갖는다. 따라서 대기업이 거래 기업에 지분을 참여하게 하는 방안 등 자발적 상생 관계를 유도하기 위한 정책적 모색이 필요한 때다.

수입품 국내 대체에 주력할 때

2008년 미국 발 금융위기에 이어 남유럽 국가들의 잇따른 재정위기가 급습함에 따라 EU 경제 전체가 침체의 늪에서 빠져 나오지 못하고 있다. EU는 한국의 제2 수출 시장으로, EU의 경제 침체는 바로 한국의 수출 타격으로 나타나고 있다. EU는 중국의 최대 수출 시장인 관계로 EU의 경제 침체는 중국의 수출, 나아가 중국의 경제에도 심대한 영향을 미치고 있다.

또한 한국의 최대 수출 시장인 중국의 경제 침체는 한국의 대중 수출을 어렵게 하고 있다. 요컨대 한국은 EU와 중국이라고 하는 최대 수출시장의 침체로 인해 수출에서 부진을 면치 못하고 있다.

여기서 주목해야 하는 것은 EU 경제의 침체가 일시적인 경기 불황인가 아니면 구조 개선을 요하는 중·장기적인 문제인가 하는 것인데, 유감스럽게도 EU의 경제 회복은 단기간에 이루어지기 힘들 것으로 보인다.

EU 경제는 오랫동안 공급 능력의 강화는 등한히한 채 사회보장 제도의 충실화에만 힘을 기울여 옴으로써 사회보장 제도를 유지하는 토대인 경제마저 약화시키는 결과를 초래했다. EU 경제의 공급 능력을 재정비하고 사회보장 제도를 공급 능력에 적합하도록 재조정하는 데는 상당한 시간이 걸릴 것으로 예상된다.

또한, 파생금융 상품의 팽창으로 인해 제조업 부문에 비해 이상 비대 현상을 보여 온 금융 부문의 불균형도 적절하게 재조정해야 하는 과제도 안고 있다.

주지하는 바와 같이 한국 경제는 무역 의존도가 100%를 넘을 정도로 고도의 대외 의존 체질을 보이고 있다. 무역 의존도가 높다는 것은 국내 경제가 국제 경제의 영향을 많이 받는다는 말인데, 최근 한국 경제는 주력 수출 시장의 경제 침체로 인해 경제성장률을 하향 조정해야 할 정도로 어려운 상황에 처해 있다.

그러면 이러한 상황에 직면한 한국 경제에는 어떠한 대응이 요구되는가? EU 경제위기로 인한 수출 쇼크의 대응책으로 최근에 자주 거론되는 것이 '내수 시장의 확대'와 '신수출 시장의 개척'이다. 그러나 현 상황에서 이러한 대응이 쉽게 효과를 거둘지는 의문이다. 국내 경제의 침체로 소비자들은 쉽게 지갑을 열려고 하지 않고 있으며, 세계 경제의 동반 침체로 신수출 시장 개척도 용이하지 않다.

이런 상황을 타개하는 방안 중 하나는 '국내 대체화의 확대·강화'이다. 그간 한국 경제는 수출 지향적 성장 과정에서 당해 수출 상품의 수출 경쟁력 강화를 위해 제품 생산에 투입되는 기자재와 원자재 수입을 확대시켜 왔다. 그 결과 무역 의존도는 높아졌고, 일본으로부터의 기자재 및 원자재 수입이 많았던 관계로 대일 무역역조도 심화됐다.

국산 기자재와 원자재 가격이 수입 제품에 비해 경쟁력 격차가 큰 경우에는 국내 대체가 쉽지 않겠지만, 상당수 기자재와 원자재의 경우, 적절한 정책적 환경을 조성하면 충분히 국내 대체화가 가능할 것으로 기대된다.

국내 기자재와 원자재 시장은 해당 제품을 생산하는 국내 기업에는 '이미 존재하는' 확실한 시장이다. 최종 제품을 생산하는 기업이 요구하는 품질 수준과 가격 수준을 만족시키면 획득할 수 있는 시장이다. 국내 대체를 통해 해당 산업이 활성화되면 한국 경제의 불안요소도 그만큼 줄일 수 있을 것이다.

여기서 논의의 핵심은 한계 수출 시장을 새로 개척하는 노력과 기존의 주어진 시장에 부족한 가격적 품질적 취약성을 보강하는 노력 중에서 어느 쪽에 주력할 것인가 하는 것이다. 물론 한계 수출 시장을 새로 개척하는 노력을 게을리해서는 안 되겠지만 앞서 기술한 대로 EU 발 경제 침체의 극복에 시간이 걸린다는 점을 감안할 때 수출 확대 일변도의 정책에서 탈피해 국내 대체화율을 높이는 노력을 우선시해야 할 시점이라고 생각된다.

정책당국은 국내의 가용 가능한 인적·물적 자원이 국내 대체화를 위해 활용될 수 있도록 면밀한 계획을 수립할 필요가 있다고 하겠다.

일본의 선진 경제화 과정에서 보는 '원高극복'의 힌트

6

한국 경제는 선진 경제일까? 엔저만 되면 맥을 못 추는 걸 보면 선진 경제로 부르기에는 어딘가 부족해 보인다. 반면 일본이 1980년대 이후 구미와 대등한 선진 경제를 구축했다는 점에 관해서는 아무도 부인하지 않는다. 여기서 우리는 일본 경제가 어떻게 난관들을 극복하고 튼튼한 기반의 선진 경제를 구축했는지, 그 과정을 살펴볼 필요가 있다.

주지하는 바와 같이 세계 경제는 1970년대에 2회에 걸쳐 오일 쇼크를 경험했다. 이 중 제1차 오일 쇼크에 직면한 일본 경제의 대응 방식을 보면, 기업들이 노조와의 합의를 통해 임금 인상보다는 고용 확보를 선택해 임금 수준이 노동생산성을 초과하지 않게 함으로써 오일 쇼크라는 특수한 환경 아래에서도 특별한 고용

조정 없이 버틸 수 있었다. 그들의 이러한 선택은 실질 임금을 고수한 대부분 구미 기업들에 비해 수출품의 가격 경쟁력을 높이는 결과를 낳았다.

또 다른 대응 방식은 일본의 산업 구조를 자원·에너지 다소비형 산업 구조로부터 자원·에너지 절약형 산업 구조로 전환시킨 것이다. 중화학공업 중 철강이나 알루미늄 산업 등 이른바 자원·에너지 다소비형 소재 산업을 축소시키고, 자동차, 전자 산업 등 소위 자원·에너지 절약형 산업을 확대시켜 갔다. 나아가 전 산업에 걸쳐 에너지 절약 기술의 개발에 힘을 기울여 드디어는 생산 단위당 에너지 투입량의 최소화에 성공했다.

오일 쇼크 극복을 위한 일본 기업의 이러한 일련의 노력은 결과적으로 일본의 무역수지 흑자 규모를 확대시켰다. 그런데, 일본 경제가 무역수지 흑자 규모를 확대시켜 나가자 이번에는 구미로부터 엔고 공세(엔화절상 압력)가 시작된다.

거듭된 엔고 공세로 인해 엔고 상황에 직면한 일본 경제는 상대적으로 노동집약적 저부가가치 부품을 발전도상국으로 이전시켜 저임금으로 가공해 재수입하고, 핵심 생산 부문은 고성능 시설로 개체해 노동생산성을 높이는 방식을 통해 엔고에 대처해 나갔다. 또한 여기에 그치지 않고 기업의 비능률 부문을 능률화하고 자원 낭비 요소를 철저히 자원 절약형으로 바꿔 갔다.

이러한 노력이 주효해 엔고 극복에 성공했고, 1980년대에 들어선 일본은 당시 미국 학계에서 최고의 동아시아 전문가로 인정받는 에즈라 보겔 교수에 의해 '재팬 애즈 넘버원'이라고 칭송받을 정도로 튼튼한 기반 위에 선 선진 경제를 이룩했다.

일본 경제의 선진 경제화 과정을 위와 같이 정리해 볼 때, 한국 또한 엔저 극복이야말로 확고한 선진 경제를 구축하기 위한 필요조건이라고 할 수 있겠다. 1997년의 외환위기도, 그리고 2008년의 글로벌 금융위기도 결국은 급속한 엔저에서 비롯한 것이며 이번 경제 침체 또한 급속한 엔저가 원인이기 때문이다.

그러면 엔저가 한국 경제에 미치는 악영향을 어떻게 극복할 것인가? 물론 엔저의 피해를 완화하기 위한 정책적 노력도 적절히 강구돼야 하겠지만 기업의 체질 개선이 수반되지 않으면 안 된다. 일본이 보여주는 '기업 내 비능률의 능률화'와 '자원 절약형으로의 전환'이 그것이다. 일본에서는 이러한 노력들을 「모노즈쿠리」란 이름으로 전개하고 있다.

첫째는 생산라인의 각 부문 담당자가 자기가 맡은 작업 중심으로 끊임없이 비능률을 능률화하고, 자원 낭비를 제거하도록 유도하는 작업이다. 이때 이러한 활동을 적극화시키기 위해서 성과에 대한 적절한 인센티브가 수반돼야 함은 말할 필요가 없다.

둘째는 R&D로부터 제조, 판매에 이르는 전 과정에서 그 흐름을 신속 원활화하고, 비합리적 흐름을 바로잡는 작업이다. 왜곡된 흐름을 바로잡고 불필요한 단계를 제거해 흐름을 단축시킨 만큼 품질 개선과 비용 절감을 실현하게 됨은 말할 필요도 없다.

이러한 「모노즈쿠리」 활동을 한국의 모든 기업이 대대적으로 전개해 나간다면 비용 감축을 통해 엔저 극복이 가능할 것이며 한국 기업의 경영 체질도 한 단계 강해질 것이다. 이러한 기반이 구출될 때 한국 경제도 비로소 튼튼한 선진 경제로 진입하게 될 것이다.

신흥국 교역, 달러 대신 현지 통화 결제 늘려야

7

2013년 미국 중앙은행이 양적완화 정책을 축소할 것이라는 보도가 나가기 무섭게 인도 인도네시아 등 이른바 신흥국가들의 주가와 통화 가치가 요동을 쳤다. 미국 유럽연합EU 일본 등 선진국들은 경기 회복을 목적으로 통화량을 무제한으로 증발해 수요를 창출하는 정책을 추진해 왔다. 달러를 비롯한 국제 유동성이 크게 증가하면 사실상 제로 금리 상태가 된다. 자연스레 경제성장률이 높은 신흥국으로 흘러 들어가 투기적 자본 역할을 하게 된다. 이 자본은 신흥국의 주가와 통화 가치를 높이고, 그 결과 이들 국가는 내수가 활성화되지만 경상수지가 적자 구조로 전환되거나 적자가 확대되는 문제가 발생한다.

그런데 양적완화 같은 비합리적인 정책은 언젠가는 중지될 수밖에 없는 것이 현실이다. 양적완화 축소는 미국 금리를 상승시키는 효과를 내기 때문에 차입금 상환을 위해 신흥국에 흘러 들어갔던 국제 유동성을 거둬들이게 된다. 따라서 유동성이 빠져나간 이들 신흥국의 경제는 주가 하락과 통화가치 하락을 맞이하게 된다. 이렇게 되면 이들 신흥국은 심한 경우 1997년 한국 경제가 경험했던 국가부도 사태로까지 내몰린다. 그런 단계로까지는 안 가더라도 경상수지 적자로 인해 수입을 극도로 억제할 수밖에 없다.

다행히 한국 경제는 오랫동안 경상수지 흑자 상태를 유지해 왔고 적지 않은 외화를 확보하고 있으며 외화 차입금 중 금방 갚아야 하는 단기성 차입금 비율이 낮다. 다시 외환위기에 몰릴 가능성은 극히 작다는 것이 일반적인 평가다. 그런데 문제는 한국 제품의 주요 수입국들이 외화 고갈로 극도로 위축되면 한국의 수출이 크게 줄어드는 사태에 직면하게 된다는 것이다. 가계 부채로 인해 한국 내 소비 수요가 증가하지 않은 상태에서 수출 수요마저 기대하기 어려워지면 기업들의 투자 또한 위축돼 경기 침체가 더욱 심화될 수밖에 없을 것이다.

이런 연결 고리를 끊기 위해 신흥국과의 거래에서 결제 수단을 달러에만 국한하지 않고 신흥국의 통화도 활용하는 방안을 적극적으로 검토할 필요가 있다. 달러의 급격한 대량 유출로 인해 해당 국가의 통화 가치가 실질적인 구매력 이하로 저평가돼 있는 상태에서 우리 수출품에 대한 대가로 현지 통화를 받으면 사실상 달러 가격 이상의 가치를 획득하는 것이 된다. 한국도 외환위기 당시 달러당 1,800원 이상까지 갔지만 그 후 급속히 가치가 상승한 경험이 있다. 정도의 차이는 있지만 해당국의 통화 가치가 지금 최악의 상태에서 점차 안정돼 갈 것임은 분명하다.

우리가 주요 통상국과 그들의 통화를 결제 수단으로 활용해 거래를 해 나가면 양적완화 축소에도 큰 충격을 받지 않을 것이다. 나아가 이들 국가와 더 긴밀한 관계로 발전해 가는 계기가 될 것이다. 아시아를 중심으로 외화 부족에 시달리는 국가들과 새로운 결제 방식을 도입해 통상 축소 극복은 물론 한국을 중심으로 한 동아시아 경제공동체로까지 발전시키는 것을 기대해 본다.

일본의 '잃어버린 20년' 전철을
밟지 않으려면

최근 들어 한국 경제가 일본형 장기 침체로 빠져드는 게 아닌지 불안해하는 목소리가 들린다. 그에 대한 해답을 얻기 위해서는 먼저 일본 경제가 왜 장기 침체에 빠졌는가를 살펴보고 그 분석을 통해 한국 경제가 장기 침체의 길로 가지 않기 위한 시사점을 찾아야 할 것이다.

주지하는 바와 같이 일본 경제는 1960년대 말부터 2011년 동일본 대지진까지 오일 쇼크와 같은 특수한 경우를 제외하면 대체로 무역수지 흑자가 확대돼 왔으며, 이에 연동해 엔화 가치가 절상돼 왔다. 1973년 오일 쇼크 이후 세계 경제는 경상수지의 구조적 흑자 국가와 구조적 적자 국가로 나뉘는데, 그 불균형을 시정하기 위해 국제 환율 제도가 종래의 고정환율제로부터 변동환율

제로 전환되고, 구조적 흑자 국가가 된 일본은 끊임없이 지속되는 엔고에 직면하게 된다.

그러면 일본은 이와 같은 무역수지 흑자가 누적적으로 이어지고, 흑자 증대에 따라 엔화 가치가 상승하는 과정에서 어떻게 대응했을까.

그 대응 방법으로 일본 경제는 저부가가치 부품 산업을 저임금 국가로 이전시키고 저임금에 의해 생산된 제품을 재수입해 완성품 생산 과정에 투입하는 방식을 택했다. 그리고 핵심 부문은 고성능 시설로 개체해 노동생산성을 높임으로써 엔고로 인해 높아진 생산 원가를 인하시킨다. 여기에 그치지 않고 기업을 철저히 구조조정했다.

이런 식의 구조조정은 결과적으로 일본의 경상수지 흑자를 더욱 확대시켰지만 한편으로는 일본 경제의 수급 불균형도 덩달아 키웠다. 엔고에 대한 이러한 대응이 극단적인 형태로 나타난 것이 엔화 가치를 달러 대비 40%나 높인 플라자 합의(1985년)에 대한 대처 방식이었다. 엔화 가치가 급등하자 일본 기업은 저이자라는 정책 환경을 활용해 저부가가치 부품류의 해외 이전 및 재수입, 기업 내 불요불급 자원의 철저한 배제를 추진함과 동시에 생산설비의 첨단 장비화를 추진했다. 그 결과 엔고에 대한 대응이 완료된 1990년께에는 경상수지 흑자 규모가 2배로 증가했고 이에 따라 일본 경제의 수급 불균형도 심각한 수준에 이르게 된다. 다시 말해서 일본 경제의 공급 능력에 비해 내수가 구조적으로 축소됨으로써 일본 경제가 장기 불황에 빠져들게 된 것이다.

우리는 엔화 가치 상승 과정에서의 이러한 일본 경제의 대응 방식에 주목해야 한다. 일본 경제는 엔고를 적절히 활용해 내수를 확대하고 활성화하기보다는 저비용 구조를 통한 가격 경쟁력 유지에만 주력해 왔기 때문에 내수가 상대적으로 축소되었고, 이것이 일본 경제 불황의 요인이 되었다. 이렇게 볼 때, 일본이 최근에 이르러 아베노믹스라는 이름으로 불황 극복을 위해 어떻게 해서든 내수를 확대하려는 움직임을 보이는 것은 그 나름대로 합리성을 내포하고 있다고 하겠다.

주지하는 바와 같이 엔저 · 원고로 인해 우리 제품의 가격 경쟁력이 상당히 약해졌음에도 불구하고 '높은 대외 의존도'라고 하는 체질적 특성 때문에 한국은 수출을 계속해서 증가시킬 수밖에 없는 상황이다. 원고 아래에서의 수출 증가는 채산성이 낮을 수밖에 없는데, 품질 경쟁력이 높아 채산성을 맞출 수 있는 일부 기업을 제외하면 다수의 기업이 극히 낮은 수익 구조를 보이고 있다. 따라서 수출 관련 기업의 채산성을 안정화하기 위해서는 지금의 지나친 원고 현상은 시정돼야 한다.

또한 지금 한국 경제는 높은 가계 부채가 내수 증가를 억제하고 있는데, 높은 가계 부채의 상당 부분은 부동산 가격 하락 및 부동산 거래 둔화와 높은 상관관계를 갖는 것으로 평가되고 있다. 한국 경제의 경기 침체를 극복하기 위해서는 가계 부채를 적절히 조정하기 위한 부동산 거래 활성화가 요구된다고 하겠다.

위의 두 과제를 해결하기 위해서는 아베노믹스가 추진하는 통화량의 양적완화와 같은 정책 대응이 적절하다고 판단된다.

결국 지금 한국은 원저 유도와 내수 활성화를 통해 수출과 수입을 동시에 확대하는 '확대 균형'을 추진하는 것이 한국 경제도 살리고 세계 경제의 활성화에도 기여할 수 있는 정책이라고 할 수 있다. 이에 중앙은행의 역할이 기대된다.

아베노믹스가 답인가

9

아베 신조 일본 총리가 등장하면서 일본 경제의 장기 불황을 극복하기 위한 처방전으로 '아베노믹스'를 주창하고 나온 지 2년에 이르고 있다. 아베노믹스가 일본 경제를 장기적·지속적으로 활성화시킬지에 대한 단정적 판단을 하기에는 아직 이르다는 것이 대체적인 시각이다. 그럼에도 불구하고 일본 경제의 구조적 특징에 아베노믹스적 접근이 적절했는지에 대한 중간 평가는 비슷한 경제 발전 구조로 인해 아베노믹스에 따른 영향을 적지 않게 받고 있는 한국에 몇 가지 시사점을 제시할 것이다.

아베노믹스의 핵심은 통화량을 대폭 늘림으로써 달러 대비 엔화의 가치를 떨어뜨려 일본 제품의 해외 가격 경쟁력을 높이고, 실질 이자율을 낮춰 투자를 유발하며, 유효 수요를 창출하는 것이라고 할 수 있다. 재정 지출의 증대 및 성장전략 등도 있으나 그간의 경과를 볼 때 통화량 증대 정책이 가장 강력한 수단인 것으로 보인다.

아베노믹스 등장 이후 나타난 몇 가지 특징은 다음과 같다. 첫째, 대규모 수출 기업을 중심으로 한 수익성 증대와 이에 따른 주가의 급등이다. 주가 상승은 가계의 소비 지출을 증가시키고 소매 판매 증가 등 유통 부문을 활성화시키고 있다.

둘째, 소비의 증가가 전 산업 부문에 걸쳐 가동률을 높이고 이것이 고용 효과를 발생시켜 사실상 완전 고용에 접근하고 있으며, 나아가 불황 탈출의 신호탄이라고도 할 수 있는 물가상승률이 오름세를 보이기 시작하고 있다.

셋째, 이런 일련의 변화가 안정적으로 정착됐다고 하기에는 이른 감이 있지만 아베노믹스가 일본 경제에 활기를 불어넣었고, 무엇보다도 장기 불황에 찌든 각 경제주체들이 자신감을 되찾는 효과를 낸 것 같다. 경제는 심리라고 할 정도로 심리적 효과가 중요한데, 이 점은 아베노믹스의 가장 두드러진 긍정적 효과라고 할 수 있다.

넷째, 엔화 가치의 하락으로 가장 기대를 모았던 수출 증가가 기대만큼 이뤄지지 않고 있고 원자력발전소의 전면적 가동 중단에 따른 원유 등 에너지 수입 급증으로 무역수지 역조가 확대되고 있다.

아베노믹스의 수행에 따른 일련의 변화와 효과를 체험한 일본인들이 대체적으로 느끼는 것은 아베노믹스가 일본 경제의 불황 극복 수단으로서 적절한 정책 선택이기는 하지만 정책의 출현이 너무 늦은 것은 아닌가 하는 점이다.

일본은 1970년대 이래 흑자가 늘어나면 외압이 나타나 엔고를 초래했고, 이에 따라 국가와 기업 모두 엔고 극복에 전력 투구해 막상 엔고를 극복하는 시점에는 오히려 더 큰 규모의 경상흑자가 발생했다. 경상흑자는 다시 엔고로 이어지고, 이 과정에서 공급 능력은 커지고 내수는 위축됐으며, 노동 집약적 업종을 중심으로 해외 투자가 증가함으로써 적지 않은 산업에 걸쳐 공동화 현상이 야기됐다. 아베노믹스가 내수를 늘리는 효과는 냈지만 기대와는 달리 수출 증가 쪽이 무반응을 보인 것은 아베노믹스 이전에 형성된 일본 경제의 구조적 특징에 비춰 볼 때 자연스러운 귀결이라고 할 수 있다.

그럼 아베노믹스의 전개 과정에서 한국 경제는 어떤 시사점을 얻을 수 있을까. 첫째, 한국 경제도 경상흑자 증가가 원고를 초래하고 원고가 다시 더 큰 흑자를 야기하며 나아가 내수 위축을 불러 일본형 장기 불황으로 이어질 수 있다는 점에 주의해야 한다.

둘째, 일반적으로 자국 통화의 평가절상은 수출 감소와 수입 증가를 통해 무역수지 흑자 규모의 축소로 이해된다. 그러나 한국과 일본에서 보는 것처럼 기업들의 대대적인 구조조정으로 오히려 흑자 증대를 야기한다는 경험적 선례를 들어 원고를 압박하는 외압 극복의 설득 논리로 활용토록 해야 할 것이다.

안전 산업 육성으로
일석이조의 효과를

10

세월호 참사는 한국 국민에게 엄청난 충격을 안겼다. 이번 참사로 적나라하게 드러난 것은 아직도 한국이 후진국적인 요소를 극복하지 못하고 있다는 사실이다. 우리도 이제 곧 대망의 선진국 대열에 합류하리라는 기대에 차 있던 국민들에게는 실망스럽고 참담한 일이 아닐 수 없다.

국민의 '안전'은 '성장' 이상으로 중요하다. 차제에 '안전 대한민국'을 만들어 나가기 위한 철저하고도 집요한 노력이 요구된다. 그런데 한국 사회에 안전 기반을 튼튼하게 확립한다는 것은 거저 되는 게 아니며 상당한 투자를 필요로 한다는 점은 두말할 필요도 없다. 그러므로 안전 대한민국을 위한 투자를 어떤 발상으로, 어떻게 합리적으로 추진할 것인지를 다각적으로 검토해야 한다.

그 접근 방법의 하나가 '안전 산업의 육성'이다. 이것은 마치 환경 문제를 슬기롭게 극복하기 위해 환경 기술과 환경 산업을 육성하는 것과 같은 발상이라고 할 수 있다. 환경 문제와 마찬가지로 안전 문제에도 이질적이고 다양한 분야가 있다. 세월호와 같은 불량 선박, 불량 건물, 불량 공장 등 불량의 종류는 열거할 수 없을 정도로 많다. 안전 산업이라고 하는 것은 이와 같은 다양한 종류의 불량을 치밀하고도 철저하게 개보수해 안전하고 완벽한 것으로 재생시키는 활동이라고 할 수 있다. 앞으로 한국의 경제·산업 분야에 걸쳐 불안전하고 위험한 곳을 철저히 점검하고 분야별로 가장 합리적인 불량 제거 작업에 착수해야 할 것이다.

불량 제거 작업을 위해서는 먼저 그 작업을 위한 인적·물적 시스템을 정비해야 한다. 이미 분야별로 불량품의 개보수를 담당하는 기업이나 서비스 센터들이 존재할 텐데, 현재 정부가 추진하고 있는 국가안전처가 중심이 돼 기존의 이런 개보수 기업들을 조직화하고 부족한 부분을 보완해 나가야 할 것이다.

개보수 시스템의 정비와 이어지는 대대적인 개보수 활동은 막대한 인적·물적 자원의 투입을 필요로 하는데, 이런 활동은 그 성격상 거대한 내수 진작 활동이라 할 수 있다. 지금 한국 경제는 심각한 내수 부족에 직면해 있다. 한국 경제의 불황을 야기하는 내수 부족의 원인을 간단히 짚어보면 다음과 같다.

주지하는 바와 같이 한국 경제는 가공무역 입국을 지향하고 있다. 이에 따라 적지 않은 기업이 성장 기반을 해외시장에 두고 있으며, 생산 중 상당 부분을 수출하지 않으면 안 된다. 기업은 주어진 기술 수준 및 노동생산성 아래에서 원화 가치가 높아져 코스트 푸시ᴄost-push 요인이 발생하면 최대한의 비용 절감 노력을 하게 되고, 그 결과 불요불급한 인적·물적 자원을 감축하는데, 이런 노력은 결국 내수를 축소시키고 불황을 야기하게 된다. 국내 경기가 불황에 빠지면 수입 수요는 더욱 위축되고, 수입 수요의 축소는 경상수지 흑자를 더욱 증대시키며 흑자 증대는 다시 가파른 원고(환율 하락)를 불러옴으로써 경제 침체를 가속하게 된다. 이것이 한국 경제의 '불황 메커니즘'인 것이다.

한국 경제보다 한 발 앞서 엔고 불황의 늪에 빠졌던 일본 경제는 통화량 증발을 핵심 내용으로 하는 아베노믹스의 대담한 전개를 통해 그 늪에서 서서히 벗어나고 있다. 지금 한국 경제가 현재의 불황에서 탈출하기 위해서는 일본과 같은 아베노믹스적 접근도 생각해 볼 수 있겠지만 그에 앞서 이미 이야기한 것처럼 안전의 산업화를 통한 내수 확대책을 적극적으로 강구해 볼 필요가 있을 것으로 생각된다. 안전의 확립은 절대적인 조건이며, 안전 확립을 내수 진작과 연동시킨다면 일석이조一石二鳥의 효과와 함께 투자 효율성을 극대화할 수 있을 것이다.

한 · 일 경제 협력, 더는 미룰 수 없다

11

정치적 갈등의 장기화로 꽉 막힌 한 · 일 두 나라 관계가 좀처럼 풀리지 않고 있다. 양국 경제계에서 경제 분야를 정치와 분리해야 하고, 철저히 경제 논리에 입각해 재정립해야 한다는 목소리가 커지고 있다.

주지하는 바와 같이 한국 경제는 1960년대부터 대외 지향적 개방화 정책을 추구하는 과정에서 일본의 자본과 기술 의존도를 높여 왔다. 일본 기술의 특징은 생산기술에 있다. 1970년대까지 일본은 서구에서 도입한 기술에 크게 의존했는데, 일본 기업들은 도입한 기술을 그대로 사용하지 않고 그 기술에 내재된 비능률과 낭비 요소를 철저히 제거하는, 이른바 '생산기술' 을 발전시켰다. 최근에는 이 생산기술을 연구개발R&D부터 판매에 이르는 전 과정에 확대 적용하고 있다.

한국 기업들이 도입한 일본의 기술은 이렇게 생산기술이 체화된 상태의 기술이기 때문에 한국 기업의 대외 경쟁력 강화에 유리하게 작용한 면도 작지 않았다. 따라서 한국 기업은 일본의 이런 생산기술을 더욱 철저히 벤치마킹해 경쟁력 강화 수단으로 활용해야 한다. 한편, 일본으로부터의 자본과 기술 도입은 왕성했던 데 비해 일본 시장에 대한 수출은 수입보다 크게 떨어져 대일 무역역조가 갈수록 확대돼 왔다. 또 한국 경제는 착실히 산업화를 진전시켜 결국에는 일본과 비슷한 산업 구조를 형성했다. 이 과정에서 일본과 적절한 수준의 분업 관계를 형성하지 못했고, 이로 인해 한·일 양국 기업이 제3국에서 과당경쟁을 벌이는 경우가 적지 않게 발생하고 있다.

한·일 두 나라처럼 비슷한 산업구조를 가지면서 지리적으로 인접한 국가 간에는 필연적으로 협력과 경쟁이라는 양면성이 공존한다. 그런데 경쟁의 확대를 방치하면 교역 조건 악화가 발생할 수 있으며 그중에서도 경제 발전도가 낮은 국가가 더 큰 피해를 입게 된다. 따라서 한·일 양국이 경쟁 속에서도 안정적으로 발전해 가기 위해서는 가능한 한 협력 관계를 확대하는 노력이 필요하다. 다행히 한국 기업의 대일 수출을 보면 B2C(공급자와 소비자 간) 거래는 증가가 더디지만, B2B(공급자와 공급자 간) 거래는 안정적으로 늘어나고 있다. 말하자면 동일 산업 간 수평적 무역은 착실히 증가하는 경향을 보인다. B2B 거래가 확대되면 될수록 당해 산업을 유지·발전시켜 나가기 위해서 그 산업에 속한 기업은 한국 기업, 일본 기업 구분 없이 철저하게 합리적 협력을 하지 않으면 안 된다. 그만큼 한·일 양국 경제 협력의 장이 확대된다고 할 수 있다. 한·일 양국 산업 간에 이런 형태의 분업이 늘어나면 궁극적으로 양국이 하나의 경제권으로 발전하고, 이 토대 위에서 제3국 공동 진출을 확대할 수 있으며 드디어는 '동아시아 경제공동체'로까지 발전할 수 있을 것이다. 한·일 양국 기업이 B2B 거래를 늘리는 데 그치지 않고 동아시아적 차원에서 한·일 기업 간 수평적 교역을 확대하고 긴밀화해야 한다. 예를 들어 동아시아에 진출한 양국 기업의 생산 활동에 필요한 부품류를 납품하는 식이다. 그 과정에서 동아시아 진출 기업을 포함한 양국 참여 기업들이 성장할 것이다. 또 동아시아 차원의 탄탄한 분업 구조가 형성될 것이며, 이런 과정이 동아시아 경제공동체의 기초로 자리 잡을 것이다. 한·일 경제 관계를 한 단계 더 긴밀한 협력 관계로 발전시키기 위해서는 일본의 생산기술을 한국 기업 속에 더욱 튼튼하게 뿌리내리게 해야 한다. 이 기반 위에서 한·일 양국 간은 물론이요 동아시아에 이르기까지 양국 기업 간 산업 내 수평적 분업을 확고히 구축하려는 노력이 절실히 요구된다.

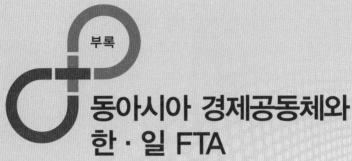

부록

동아시아 경제공동체와
한 · 일 FTA

※본 연구는 2003년 한국외국어대학교 교내연구비를 지원받아 한 것임.

작년(2003년) 9월의 칸쿤회의 실패로 각국에서는 특정 지역 단위 내지는 개별 국가 간의 FTA를 확대시키려는 움직임이 활발해졌다. 구미 국가의 경우 이미 EU와 NAFTA가 형성돼, 각각을 바탕으로 그 영역을 적극적으로 확대시키려 하고 있다. 이에 비해 한국 일본 등 동아시아는 최근 들어 분주한 움직임을 보이고 있는데 각각의 국민 경제에서 차지하는 무역 부문의 중요성에 비추어 그 존재의 중요성에 대해 아직 명확한 자유무역지대의 이미지를 그리지 못하고 있는 실정이다.

국제 통상질서를 규율하는 WTO 체제가 공고하게 뿌리내리지 못하고 있는 상태에서 구미 국가와 같은 안정적인 자유무역지대에 속하지 않은 개별 국가는 1997년의 아시아 금융위기 때도 볼 수 있었던 것처럼 외부의 공격에 대해 무방비, 무기력해지기 쉽다. 만약 당시에 동아시아 지역도 EU나 NAFTA와 같은 공존적 자유무역지대가 형성돼 있었더라면 금융위기에 집단적 대응 방안을 수립함으로써 그토록 심한 피해를 입지 않을 수도 있었을 것으로 생각된다. 왜냐하면 동아시아 지역의 국가들은 다른 어떤 지역보다도 많은 외환보유액을 유지하고 있었으며 금융위기가 덮친 나라들도 대체적으로 일시적 유동성 부족만 보완할 수 있으면 위기 국면에서 벗어날 수 있을 정도로 탄탄한 펀더멘털을 갖추고 있었기 때문이다.[32]

2003년 12월 22일부터 한·일 간의 FTA 체결을 목표로 정부 간 협상이 시작됐다. 한국과 일본은 지하자원의 부족, 인구에 비해 좁은 국토라는 주어진 조건의 특수성으로부터 다른 어떤 지역보다도 안정된 자유무역을 필요로 한다. 그러한 의미에서 한국과 일본은 장기적으로 WTO 체제가 소기의 기능을 다 하도록 협력하면서도 당장은 안정된 시장권의 형성을 필요로 하고 있다. 이에 따라 한국과 일본은 동아시아 차원의 경제공동체를 형성하기 위해 힘을 모을 필요가 있다. 한·일 FTA의 체결은 그 출발점이라고 할 수 있다. 하지만 한·일 간에는 여전히 심각한 무역 불균

32_ 한국은 1998년부터 경상수지 흑자를 내고 있다.

형 상태가 존재한다. 더욱이 한·일 간에 경쟁 품목을 중심으로 한국이 일본 상품에 부과하는 6~8% 수준의 관세를 철폐하면 한·일 무역 역조는 더욱 확대되게 된다. 원래 자유무역은 한 쪽만 이득을 보는 것이 아니라 참가자 전원의 윈-윈 게임win-win game 이 돼야만 한다. 한·일 간 FTA 체결의 핵심은 한·일 전체의 이익과 한·일 각각의 이익을 동시에 어떻게 달성할 것인지에 대해 지혜를 모으는 것이라 할 수 있다.

이러한 문제 의식을 바탕으로 본 연구는 우선 특정 지역 단위의 자유무역지대를 형성할 필요가 있는지를 논하고, 나아가 우리 지역은 경제공동체로서 왜 한국, 일본, 중국 및 아세안이라는 동아시아 단위부터 시작하는 것이 적절한지에 대해 논의하고자 한다. 다음으로는 동아시아 경제공동체에 어떠한 역할 수행을 기대할 것인지, 그러한 역할을 수행할 수 있는 동아시아 경제공동체를 형성하기 위해 한국과 일본은 어떠한 역할을 하는 것이 바람직한지에 대해 논하겠다. 마지막으로 한국과 일본이 이러한 역할을 강력히 수행하기 위해 필요한 협력의 형태가 바로 FTA 상태임을 인식하고 한·일 FTA를 성립시키기 위해 어떻게 해야 하는지를 논하겠다.

특정 지역 단위 자유무역지대의 필요성

1

구미가 인근 국가를 중심으로 자유무역지대를 형성하고 그것을 바탕으로 영역을 확장시켜 나가고 있는 데 반해, 한국은 칠레부터, 일본은 멕시코부터와 같은 식으로 산발적으로 추진하고 있다. 다음과 같은 이유에서 구미와 같이 특정 지역 단위에 자유무역지대를 형성해 나가는 것이 보다 경제적 합리성을 지니고 있다고 생각된다.

규모의 경제 효과 상승

EU의 형성은 1950년대 초부터 추진돼 왔으며 그 형성을 위해 본격적인 진행이 가속화된 것은 1980년대 후반부터다. 그 계기는 프랑스 독일 등 유럽 국가들이 1980년대부터 시작된 첨단 기술 개발 경쟁에서 일본과 미국에 뒤처지면서 그러한 상태를 극복하기 위해서는 EU의 형성이 반드시 필요하다는 인식을 갖게 된 것이다. 요컨대, 첨단 기술 개발 경쟁에서 유럽 국가들이 일본 미국에 뒤처진 것은 유럽 기업의 연구개발 규모가 일본 미국 기업에 비해 작았기 때문이며, 또 유럽 기업의 연구개발 규모가 일본 미국의 기업보다 작은 것은 유럽 국가들이 경제 규모 면에서 일본 미국보다 작은 나라였기 때문이라고 인식하고, 그것을 극복하기 위해 EU 형성에 적극적으로 힘을 쏟기 시작한 것이다. 이러한 사실로부터 알 수 있듯이 다른 조건이 동일하다면 자유무역협정을 체결하는 범위가 넓다는 것은 규모의 경제 효과를 더욱 높이고, 이를 통해 더욱 높은 대외 경쟁력을 갖춘 기업을 키울 수 있다는 뜻이다.

특히 정보산업이 발전함에 따라 어느 나라 기업의 제품이 표준이 될 것인지가 그 기업, 나아가 그 기업이 속한 국민 경제에 미치는 영향이 엄청나게 커졌다. 이러한 생산 조건을 고려하면 특정 자유무역지대를 만드는 것에 따른 경제적 효과는 높이 평가할 만하다.

협상력bargaining power의 제고

우루과이 라운드를 비롯해 기존 국제 통상 협상의 결과를 보면, 대부분이 유럽 미국 간의 이해 조정에 의해 그 틀이 정해져 왔다. 유럽 미국이 다른 지역에 비해 훨씬 큰 경제력을 바탕으로 강력한 협상력을 발휘할 수 있었기 때문이다. 유럽의 경우, 프랑스 독일 등 개별 국가는 일본보다도 경제력이 훨씬 작다. 그럼에도 불구하고 EU를 형성함으로써 공급 면에서 보다 경쟁력을 높일 수 있는 조건을 갖추었을 뿐 아니라 역외 시장 의존도를 낮출 수 있었기 때문에 그만큼 자유도가 높아졌고, 이로 인해 대외 협상에서 우위를 확보할 수 있었다고 할 수 있다.

미국 시장 축소에 대한 대비

한국 일본을 비롯해 동아시아 국가들은 기본적으로 미국 시장으로의 수출 증대를 통해 발전해 왔다. 그런데 미국은 1980년대 이후 경상수지 적자 상태가 이어졌으며 적자폭은 계속 확대돼 왔다. 미국이 그러한 상태를 시정하지 않고 지속할 수 있었던 것은 미국이 한 나라로서 다른 나라보다 경제력이 훨씬 크고, 그러한 기반 위에서 미국의 통화인 달러가 다른 나라의 통화와는 비교할 수 없을 정도로 국제 통화로서의 강력한 지위를 유지할 수 있었기 때문이다. 일반적으로 특정 국가의 경상수지가 적자면 그 나라의 통화 가치는 절하를 피할 수 없다. 그러나 미국이 거대한 적자를 안고 있음에도 불구하고 달러 가치를 유지하고 세계 시장으로서의 역할을 수행할 수 있었던 것은 전술한 바와 같이 단일 국가로서 유일한 강력한 경제력을 지니고 있었기 때문이다. 그러나 EU의 출현은 미국으로 하여금 그러한 상태를 유지하기 힘들게 만들 것이다. 또 출범한 지 얼마 되지 않아 하나의 경제 단위로서 아직은 정착되지 않은 상태지만 시간이 지나면 EU로서 통합이 강화될 것임에 틀림없다. 그렇게 되면 EU의 경제력은 미국의 경제력보다 커지기 때문에 미국 달러의 일방적인 지위를 유지할 수 없게 돼, 미국 달러와 유로는 선택적 관계가 되지 않을 수 없다. 미국의 경상수지가 지금과 같이 적자를 계속 내는 한 국제 통화로서 유로의 비중이 높아지면서 미국 달러의 가치는 낮아지고 미국의 경상수지는 균형 상태로 나아갈 수밖에 없다. 그렇게 되면 미국 시장이 축소되므로 동아시아 국가들은 이에 대비해 나갈 필요가 있다. 그 대책은 다름 아닌 동아시아 단위의 경제공동체를 만들어 상호 수요를 유발해 나가는 것이다.

특정 지역을 자유무역지대 형성을 통해 하나의 경제공동체로 발전시켜 나가는 것은 그러한 경우에 대비하는 일이기도 하다.

특정 지역의 공통적 약점에 대한 집단적 대응

역내 선진국인 일본까지 포함해 동아시아 국가들은 후발국으로 출발해 경제 발전을 추진해 왔다. 이 지역의 공통적 특징 내지 약점은 금융 산업의 경쟁력이 낮다는 것이다. 이렇게 된 것은 발전 전략적 필요에 의해 금융 산업을 제조업을 발전시키기 위한 수단으로 활용해 왔기 때문이다. 최근까지 이 지역의 금융 산업은 호송선단 방식이라는 말에서도 알 수 있듯이 정부의 강력한 보호 아래 놓여 있었다. 그랬던 것이 WTO 체제 출범과 함께 금융 산업도 국내 산업으로서만 존속할 수 없게 되면서 글로벌 체제 안에 들어갔으며, 이에 따라 국제 경쟁력을 갖추도록 요구받게 된 것이다. 그러나 동아시아의 금융 산업이 오랜 기간 경쟁을 통해 경쟁력을 높여 온 구미의 금융 산업과 경쟁하기에는 아직 역부족이다. 아시아의 금융위기는 전술한 바와 같이 해당 지역의 미숙한 금융 산업이 구미 금융기업으로부터의 공격에 노출되면서 제대로 대응하지 못했기 때문에 발생한 측면도 적지 않다고 할 수 있다. 오늘날에조차도 해당 지역의 금융기업이 매우 소극적으로 행동하고 있고**33**, 그것이 큰 원인이 돼 전체적으로 경제 활동을 위축시키고, 불안정한 경제 상태가 계속되고 있는 것이다. 만약 동아시아 단위의 공존적 자유무역지대가 형성돼 있었다면 외부로부터의 공격에 공동 대응이 가능했을 것이다. 요컨대 동아시아의 각각의 개별 금융산업의 약점을 이용하는 공격에 대해 동아시아 차원의 방어 체제를 구축할 수 있다. 이를 통해 우리는 우리의 여건에 맞춰 서서히 대응력을 높일 수 있다.

33_ 한국의 은행과 일본의 은행 모두 중소기업에 대한 대출에 매우 소극적이며, 이것이 내수 부진의 한 요인이 되고 있다.

동아시아 경제공동체의 형성과 그 역할

2

동아시아 단위 경제공동체의 적합성

이상의 논리로부터 한국 일본 등 동아시아 국가들도 자유무역지대 창설의 필요성에 대해서는 누구도 부정하지 못할 것이다. 그렇다면 자유무역지대를 어떠한 범위로 설정하는 것이 적절한가 하는 문제가 제기된다.

이 점에 대해서는 제2차 세계대전 이후 분업이 심화돼 왔다는 관점에서 볼 때 일본, 아시아 중진국, 아세안, 나아가 중국을 포함한 동아시아 단위를 경제공동체로서 형성시켜 나가는 것이 합리적인 추진 방법이라 생각된다. 그렇다면 이들 국가가 분업을 심화시켜 온 과정을 간단히 살펴보자.

역내 국가의 분업 관계를 처음 주도한 나라는 일본이다. 즉, 일본은 1950년대 중반 이후 동태적 국제 분업주의라는 정책 방향을 설정하고 이에 따라 일본의 산업 및 무역 구조를 중화학공업화로 유도해 나갔다. 기대한 대로 일본 경제는 1950년대부터 1960년대 초반에 걸쳐 고도 성장과 산업 및 무역 구조의 중화학공업화를 동시에 달성했다.

일본 경제의 고도 성장과 산업 및 무역 구조의 고도화 과정은 일본 경제를 중심으로 하는 역내 국가와의 교역 관계를 긴밀하게 만들었다. 이 관계를 자세히 보면 이 기간 중에 아시아 중진국과 아세안 국가는 사실상 일본의 자본재 시장으로 변해 갔으며 이들 국가에서 일본 시장으로 1차 산품을 수출하는 형태의 분업 구조를 구축했다. 일본으로부터 바통을 이어 받아 역내의 분업 구조를 더욱 심화시킨 국가는 한국, 대만 등 아시아 중진 국가들이다.

한국을 비롯한 아시아 중진 국가들은 1960년대 중반부터 노동 집약적 공산품의 비교우위를 이용해 대외 지향적 성장 정책을 추구했다. 그 정책 방향이 주효해 예를 들어 한국의 경우 1960년대 중반부터 1970년 후반에 걸쳐 연 40% 정도의 수출 증가율을 기록하는 고도 성장을 달성했다. 그 과정에서 산업화를 위해 필요한 기자재와 원자재를 일본에서 수입하고 일본에 경공업 제품을 수출하는 한편 인도네시아 등 아세안 국가들로부터의 1차 산품 수입을 늘리는 형태의 분업 구조가 형성됐다.

중진국으로부터 바통을 물려받은 국가군은 아세안 국가들이다. 이들 국가는 1970년대부터 1980년대에 걸쳐 경공업 제품의 수출을 강화함으로써 역내의 새로운 발전 기지로서 그 지위를 높였다. 또한 1980년대부터는 중국의 대외 지향적 공업화가 본격적으로 추진된다. 이 과정에서 일본 및 아시아 중진국의 자본재 기술 및 직접투자가 대대적으로 활용된다. 이를 통해 역내 경제의 상호 의존성은 한층 더 심화됐다.

역내의 분업 구조를 심화시킨 큰 사건은 플라자 합의다. 1985년 9월의 플라자 합의Plaza accord에 따라 일본의 엔화 가치가 급등하자 일본은 한국 등 중진국에 중급 기술의 부품류 생산 기업을, 그리고 아세안 및 중국에 저급 기술의 부품류 생산 기업을 대대적으로 진출시키고 재수입하게 된다. 이에 따라 역내의 분업도는 급속도로 높아졌고 그 뒤를 이어 아시아 중진국들이 아세안에 진출함으로써 역내 분업 구조는 더욱 긴밀해졌다.

이러한 기초 여건이 조성돼 있기 때문에 우리의 경우 이 여건을 활용해 동아시아 단위의 자유무역지대를 만들면 앞 장에서 제시한 각종 측면의 경제적 효과를 얻을 수 있을 것으로 생각된다. 따라서 앞으로는 동아시아 단위의 자유무역지대라는 경제공동체

가 형성될 수 있도록 역내 국가들이 적극적으로 노력하는 것이
요구된다.

동아시아 경제공동체의 기능

동아시아가 경제공동체로서의 기능을 수행하려 할 때 그 존재는
다음과 같은 몇 가지 기능을 수행하는 것이 요망된다.

첫째, 1997년의 금융위기에서 볼 수 있었듯이 역내 특정 국가
에 금융위기가 발생했을 때 경제공동체적 차원에서 신속히 대처
해야 한다.

둘째, 이와 긴밀한 관련성이 있는 내용인데, 역내 전체 내지는
특정 지역이 심각한 불황에 빠졌을 때 이를 극복하기 위해 공동
대응이 가능해야 한다.

셋째, 역내 분업도를 꾸준히 제고함으로써 역내 차원의 공조
체제를 강화시켜 나가야 한다.

금융위기에 대한 공동 대응과 관련해서는 종종 AMF(아시아통화
기금)의 창설이 거론된다. 동아시아의 금융위기 극복 과정에서 일
본의 역할은 매우 컸다. 미사와 플랜을 통해 금융위기에 직면한
역내 국가들에 300억 달러의 자금을 지원하고 또 2조 엔 규모의

엔 자금을 추가 지원했다. 여기에 그치지 않고 일본의 ODA(공적개발원조) 자금도 주로 동아시아 중심으로 운영했다. 동아시아 중에서는 일본의 경제력이 다른 나라보다 압도적으로 클 뿐 아니라 역내 국가들이 일본 경제에 깊이 의존하고 있기 때문에 금융위기 극복 과정에서도 일본이 주도권을 발휘한 것은 어쩔 수 없었다고 할 수 있다. 그러나 역내 특정 국가의 경제적 어려움을 다른 특정 국가가 은혜를 베푸는 식의 방식으로 해결하는 것보다는 EU에서 볼 수 있듯이 역내 국가들의 참여와 합의에 의한 제도화의 방법으로 접근하는 것이 보다 정당하고 합리적이라고 할 수 있다. AMF의 기금 조달과 관련해서는 역내 각국이 보유하고 있는 외환보유액의 일부를 기금으로 갹출해 운용한다면 그야말로 외환 보유의 본래 취지에도 맞는 활용법이라 할 수 있다. 그리고 그렇게 모인 기금 중에서 엔화의 비중을 높이면 엔화의 국제화를 촉진하게 된다. 엔화가 국제 통화로서의 지위를 강화하면 강화할수록 동아시아 국가들의 금융위기에 대한 대응이 더욱 용이해진다. 이러한 성격을 지닌 AMF의 설립은 동아시아 국가들의 경제 안정에 절대적으로 기여할 것이다. AMF 설립을 위한 적극적 노력이 필요하다.

동아시아 차원의 경기 활성화와 관련해서는 역내 경제의 긴밀화를 강화시킬 수 있도록 하는 프로젝트를 발굴하고 그것을 대대적으로 추진하는 것이 합리적인 접근법이라고 할 수 있다. 역내 차원의 도로, 항만, 철도 부설, 그리고 역내 많은 국가들의 이해 관계가 얽혀 있는 메콩 강 개발 등을 적극적으로 추진하면 그 경제적 파급 효과가 크기 때문에 역내 전체의 경기 활성화에도 크게 기여하게 된다. 이때 개발에 필요한 자금을 갹출하기 위해서는 ADB(아시아개발은행)의 자금을 활용하거나, 아니면 해당 프로젝트에 참여하는 국가 또는 기업으로 하여금 투입한 비용에 상응하는 수입을 거둘 수 있는 시스템을 정비토록 하는 방법 등을 생각할 수 있다. 또 역내 차원의 정보통신 시스템을 정비하게 하는 것도 역내 경기 활성화 내지 역내 경제의 분업도를 높이는 중요한 수단이 될 수 있다. 이 프로젝트가 가능해지고 역내 차원의 정보통신 시스템이 정비되면, 그 파급 효과는 상상을 초월한다. 이 경우 해당 프로젝트가 성립할 것인지 여부는 관계국 간의 이해관계를 얼마만큼 적절하게 조정할 수 있는지에 달려 있다. 그 조정 방법으로는 해당 프로젝트 추진에 투입되는 비용과 그 시스템이 가동될 때 발생하는 예상 이익을 계산하고 그것을 바탕으로 조정하면 합의를 도출하기 쉽다. 첨단 기술 개발 경쟁이 가장 치열한 부문인 정보통신 부문에서는 어느 기업의 제품이 세계 표준이 되는지가 결정적으로 중요하다. 어느 기업의 기술이 표준이 될 것인지를 결정하는 결정적 요인은 말할 필요도 없이 초기 단계의 내수 시장 규모다. 동아시아가 경제공동체를 형성하면 그 시장의 크기에 비추어 볼 때 동아시아의 대표적 기업이 세계적 표준이 될 개연성이 훨씬 높아진다.

역내 무역 분업도를 높이기 위해서는 역내 각 국가의 비교우위에 따라 산업 구조를 재조정하도록 유도해 나가는 것이 하나의 방법이다. 역내의 국가군을 분류해 보면 일본이 R&D 집약적 제품에 비교우위를 가지고 있고, 한국 대만 등 아시아 중진국은 숙련 노동 집약재에 비교우위를 보이며, 태국 인도네시아 등 싱가포르를 제외한 아세안 국가와 중국 내륙은 단순 노동 집약재에 비교우위를 갖는다고 할 수 있다. 따라서 역내 국가들이 두고 있는 관세 및 비관세 장벽을 철폐하고 역내로 하여금 오로지 시장 메커니즘에 따라 움직이도록 하면, 산업구조의 조정이 자연스럽게 이루어지고 결과적으로 역내 분업이 지금보다 훨씬 더 진행될 것이다. 이때 구조조정이 원활하게 이뤄지도록 하기 위해서는 구조조정 과정에서 필연적으로 요구되는 인적 자원의 공급이 적절하게 뒷받침될 필요가 있다. 이를 위해서는 역내 차원에서의 대규모 기술훈련센터를 세워 기술 부문별로 필요한 기술자를 양성하는 것이 요구된다.

역내 분업도가 높아진다는 것은 역내 국가들 간에 의존적인 관계가 형성된다는 것을 의미한다. 요컨대 역내 특정 국가의 경제가 나빠지면 곧바로 역내 국가들로 파급돼 나쁜 영향을 미치게 된다는 것이다. 이미 아시아 금융위기 때 경험한 바와 같이 태국에서 발생한 금융위기가 인도네시아를 거쳐 한국으로 파급되었다. 이어서 IMF 관리 체제까지는 가지 않았지만 일본도 그 영향을 받아 금융위기에 직면했다. 이러한 것으로부터 말할 수 있는 사실은 역내 국가들 간의 분업도가 높아지면 높아질수록 역내 공존 체제에 대한 요구도가 더욱 높아진다는 것이다.

동아시아 경제공동체 형성을 위한
한·일 협력[34]

3

한국과 일본이 동아시아 경제공동체 형성을 추진해 나갈 때 가장 중요하다고 생각되는 점은 한국과 일본 모두 주어진 여건의 특수성 및 국제 통상질서의 불안정성에 비추어 볼 때 양국의 안정적 발전을 위해서는 동아시아 경제공동체 형성의 필요성이 매우 높다는 것을 명확히 인식해야 한다는 것이다.

이러한 인식을 바탕으로 가장 우선해야 하는 협력 사항은 동아시아 경제공동체 내의 국가 간 교류가 원활하게 이루어지기 위해 필요한 사회간접자본을 축적하는 것이다. 이 경우 추진 방식은 일

34_ 이 부분은 '동아시아 경제공동체 구상과 일본의 역할'(일본국제포럼 정책위원회 제23 제작 제언, 2003년 6월) 및 '고뇌하는 한일경제'(이종윤, 2001년 6월, 한국어)를 많은 부분 참고하고 있다.

본과 중국, 일본과 한국 같이 개별 국가 간이 아니라 한국 일본 중국 및 아세안 등 관련 국가 전체를 아우르는 동아시아 차원의 유기적 물류 활동 시스템을 구축하도록 해야 할 것이다. 여기에서 필요한 자본 융통과 관련해서는 ADB를 확대 개편하거나 혹은 역내 각국의 외환보유액을 기반으로 별도의 금융기관을 설치함으로써 조달하면 된다. 이때 사회간접자본 형성에 투입하는 자금의 상환과 관련해서는 해당 국가의 자원 개발 등에 의해 상환되도록 하는 것이 하나의 방법이다. 자원 개발 및 사회간접자본 형성 과정에 대한 한·일의 협조적 참여는 말할 필요도 없이 각각의 기술 수준에 맞춰, 즉 기술 집약적 부문은 일본 기업이 담당하고 다른 기술 부문은 한국 기업이 담당하도록 역할 분담을 하면 비용 면에서 합리적인 추진이 가능할 것이다. 개발한 자원의 소화에서도 기본적으로 한국과 일본의 수요에 충당한다면 자원 개발의 경우 발생하기 쉬운 채산성 면의 리스크도 줄일 수 있게 된다.

동아시아 국가들은 금융 산업에 관한 한 사실상 미성숙한 산업 수준에 머물러 있다고 할 수 있다. 이것은 지금까지 금융이 산업 자본 육성을 뒷받침하는 존재로 규정돼 왔기 때문에 정책 당국의 강력한 보호 아래 놓여 도산으로 내몰릴 수도 있는 진정한 의미에서의 경쟁을 통해 발전하는 경험을 하지 못했기 때문이다. 그러나 금융 산업의 경쟁력 강화는 하루아침에 이룰 수 있는 것이 아니며, 자칫 방심하면 제2의 금융위기를 초래할 수도 있다. 따라서 이에 대한 접근 방식으로서 우선 한국과 일본이 긴밀한 협력 체제를 구축하고, 이를 통해 역내 차원의 금융 산업 발전 방안을 수립하는 것을 생각할 수 있다. 그러한 방안을 토대로 역내 관계국이 충분한 협의를 하고 AMF 창설 등을 포함해 이 지역에서 금융위기가 재발하지 않도록 하는 제도적 틀을 만드는 것이다.

동아시아의 역내 분업도를 높임으로써 경제공동체로서의 성격을 강화해 나가는 데 있어서도 한국과 일본의 협력이 필요하다. 관련국 간의 산업 조정은 기본적으로 가격 메커니즘에 의해 추진되는데, 그것을 촉진 내지는 원활하게 진행되도록 하기 위해서는 역내 각국의 비교우위 분야를 명확히 할 필요가 있다. 이것을 바탕으로 한국과 일본이 협력해 중국 아세안 국가 등 역내 개발도상국의 잠재적 비교우위 분야를 현재적 비교우위로 만들 수 있도록 기술 이전 내지 직접투자를 더욱 확대시킴으로써 역내 개도국의 공급 능력을 보강하는 것이다. 이와 함께 해당 부문의 시장도 제공하는 방향으로 나아간다면 역내 산업 조정이 원활하게 이루어질 것으로 생각된다.[35]

35_ 한국 일본이 중국 아세안 각국의 비교우위 산업에 대한 기술 이전과 직접투자를 실시하고 해당 제품의 시장을 제공하면 그것은 이들 국가의 한국 일본으로부터의 자본 수입의 확대로 이어지게 된다.

이때 역내 개발도상국의 잠재적 비교우위를 현재적 비교우위로 변화시켜 나가는 과정에서 직면하는 가장 큰 저해 요인 중 하나는 기술, 기능인의 부족이다. 부족한 인재를 보충하기 위해 한국과 일본이 합작 방식으로 '기술·기능인력훈련센터'를 설립, 운영하는 것도 추진해 볼 만한 가치가 있는 협력 형태라 생각된다. 훈련센터의 운영을 한국과 일본이 협력해서 추진하는 것의 의미는 그 운영 과정에서 한·일 양국이 각각의 경제 발전도의 차이를 활용하는 것이다. 즉, 개발도상국에는 일본에 비해 상대적으로 자본 절약적, 노동 집약적인 한국형 기술을 필요로 하는 분야가 있는 반면, 고도의 기술 집약적인 일본형 기술을 필요로 하는 분야도 있을 수 있다. 이 양자를 하나의 시스템 안에서 활용하면서 훈련 체계를 구축한다면 역내 각국 간 산업 조정을 원활히 추진하고 이를 통해 역내 분업도를 높이는 것이 가능하며, 이에 따라 동아시아 경제공동체로서의 기능을 확대, 강화시켜 나갈 수 있을 것이다.

역내 차원의 기술 개발 및 기술 이전을 가져다 주는 시스템을 구축할 필요가 있다. 이를 위한 접근 방식은 무엇보다도 역내 차원의 정보통신 네트워크의 구축에서 출발하며, 다음으로는 역내 각국의 기술 개발 수요와 기술 개발 자원에 대한 정확한 실태를 파악하고 데이터베이스화하는 작업이 필요하다. 또한 역내 각국 기업 간의 전략적 제휴 및 기술 이전을 촉진하기 위한 방법 중 하나로 테크노마트를 만든다면, 기술 개발 및 이전을 훨씬 원활하게 추진하는 것이 가능해진다. 동아시아를 염두에 둔 이 '테크노마트'의 정비도 한·일 양국의 협력이 요구된다. 이 테크노마트의 기능은 말할 필요도 없이 역내 기술 개발 및 기술 이전을 필요로 하는 각각의 기업이 테크노마트를 통해 손쉽게 기술 개발 및 기술 이전을 필요로 하는 카운터파트를 찾아낼 수 있도록 하는 것이다.

역내 연구 협력을 강화하기 위한 환경 정비 중 하나는 역내 기술 인력에 대한 자세한 정보를 한·일 공동의 노력으로 가능한 한 정비, 입력하도록 하고 필요할 때는 언제든지 손쉽게 필요한 연구 인력을 찾아내 활용할 수 있도록 하는 것이다. 또한 산업 기술 이전을 촉진하기 위해서는 역내 차원에서 산업에 관한 기준, 인정의 상호 승인, 지식재산 보호 정책의 공통화, 공업 규격 및 정보통신 규격의 통일을 확립해 두는 것이 요구된다. 이러한 하드웨어, 소프트웨어 양면에서 동아시아 차원의 사실상의 표준de facto standard을 확립해 둔다면 해당 지역의 구심점 강화는 물론, 해당 지역의 산업 발전을 획기적으로 가져다 주는 여건으로서의 기능도 수행할 것이다.

한·일 양국은 인구 1인당 토지 면적이 세계적으로 볼 때 매우 좁다. 이에 따라 식량 자급도가 낮을 뿐 아니라 농산물 가격이 세계 평균보다 몇 배나 높다. 이러한 관계로 한·일 양국 모두 자유 무역지대 창설에 대해 거시적으로는 찬성하지만 막상 구체적으로 추진하게 되면 자국의 농업 보호를 위해 반대로 돌아선다. 문제를 극복하기 위해서는 한·일 양국 모두 식량 자급의 개념을 한·일 각각의 개별 국가 단위가 아니라 서로 긴밀한 상호의존 관계에 있는 동아시아 차원에서 달성한다는 발상의 전환이 필요하다. 역내 국가들이 서로 의존 관계에 있기 때문에 역내 특정 수출국이 식량 수입국에 대해 일방적으로 식량을 무기화할 수는 없다. 이러한 인식이 받아들여진다면 역내 차원에서 식량 자급도를 높이기 위해 힘을 합치기 쉬워진다. 다행히 한·일 양국은 토지 생산성이 세계적인 수준과 비교해도 상당히 높다고 할 수 있을 정도로 농업 부문이 기술이 많이 축적돼 있다. 때문에 한국과 일본은 역내 농업 생산성이 낮은 국가에 농업 기술을 이전하는 것을 통해 농업 생산성의 향상, 나아가 역내 차원의 식량 자립도를 높일 수 있다. 이와 동시에 역내 농산물 수출국으로부터의 수입을 확대할 필요가 있다. 한·일 양국 모두 농업 부문에 대해 다른 산업과 달리 가격 메커니즘에 맡기는 것이 아니라 보호한다는 정책적 태도를 취해 온 이유 중 하나는 농산물은 다른 재화와 달리 비상시에 필요한 필수불가결한 존재라는 농산물의 특수성과 긴밀히 관련돼 있다. 따라서 식량 자급의 개념을 전술한 바와 같이 동아시아 단위로 생각해도 무방하다는 생각이 받아들여진다면, 한·일 양국은 산업 구조 조정의 부담 없이 농업 부문도 포함해서 추진하게 될 것이다. 만약 그러한 것이 가능해진다면 한국과 일본은 지금보다 훨씬 노동력, 토지 등 생산요소의 생산적 활용을 실현할 수 있을 것이다.

동아시아 경제권은 공업화 및 대량 소비 사회 실현을 향해 급격하게 나아가고 있는데, 이는 불가피하게 환경 문제를 수반하고 있다. 선진국의 경험을 통해 보면 환경 문제로서 구체적으로 제기되는 과제는 지구 온난화, 대기 오염, 유해 화학 물질의 관리, 토양 오염 등 공업화에 따른 문제부터, 삼림 및 임업 자원의 보호, 수자원 보전, 생물 다양성 보호, 식품 안전기준, 공중위생 개선 등 다양하다. 그러나 이러한 환경 문제에 대처하기 위해서는 막대한 비용이 든다. 이런 이유로 공업화를 추진하는 일반적인 개발도상국은 환경 파괴를 억제해야 하는 문제와 이에 따른 비용 증가로 인한 대외 경쟁력 약화에 골머리를 앓고 있다. 역내 국가 중 일본은 이미 심각한 공해 문제를 극복했을 뿐 아니라 그 극복 과정에서 축적한 높은 수준의 환경 관련 기술력을 이용해 환경 관련 상품을 수출하고 있다. 한국은 앞에서 말한 바와 같이 다양한 환경 문제를 안고 있기 때문에 지금 한창 환경 파괴 억제를 위한 비용 투입 및 환경 관련 기술 개발 등 각종 환경 개선 대책에 힘을 쏟는 중이라고 할 수 있다. 이에 따라 한국과 일본이 힘을 합쳐 역내 차원의 환경 개선 내지는 환경적 요소가 대외 경쟁력에 주는 부담에 대한 효율적 대처에서 양국의 경험을 살릴 수 있다면 역내의 경쟁적 통합에서 큰 의미를 발휘할 수 있을 것이다.

동아시아 지역은 다른 지역보다 경제성장률이 높아 자원, 에너지 수요가 급증하고 있다. 이미 높은 경제성장률을 지속하고 있는 중국에서 전력난이 중요한 저해 요인으로 대두하고 있는 것에서도 알 수 있듯이 에너지의 안정적 확보야말로 해당 지역 경제의 안정적 성장을 위한 최대의 과제 중 하나라 할 수 있다. 이 문제에 대한 합리적 접근을 위해서는 무엇보다도 동아시아 차원에서 각종 에너지 자원(석탄, 석유 등)의 수급 실태를 정확히 파악하는 작업이 선행돼야 한다. 수급에 대한 정확한 실태 파악을 토대로, 그중에서도 특히 중요도가 높은 에너지원을 중심으로 안정적 확보를 위해 해결해야 하는 문제점은 무엇이 있으며, 어떻게 접근해야 하는지 등을 철저하게 분석해야 한다. 이러한 분석을 바탕으로 역내 관계국이 힘을 합쳐 공동체적 대응을 모색해 나간다면 개별 국가 차원의 접근보다 훨씬 쉬울 것이다. 작업을 추진함에 있어서도 자원의 해외 의존도가 높은 한국과 일본이 협조적으로 주도해 나가는 것이 요구된다고 할 수 있다.

이상의 측면들이 한국과 일본이 협조해야 할 필요가 있는 분야라고 생각된다. 프로젝트별로 한국과 일본이 힘을 합쳐 꾸준히 실시해 나간다면 동아시아도 어느덧 경제공동체로서의 기능을 수행하게 될 것이다.

한 · 일 FTA 추진과 그 성립 조건

―
4
―

동아시아 경제공동체의 형성이 최근의 국제 통상 질서의 흐름으로 판단할 때 역내 국가들에 매우 필요하다는 점에 대해서는 누구도 부인할 수 없을 것이다. 또한 동아시아 경제공동체의 형성을 촉진하기 위해, 내지는 동아시아 경제공동체를 형성해 무엇을 할 것인가에 대해 생각할 수 있는 다양한 측면을 논의해 보았다. 그렇다면 누가 그 추진 주체로서의 역할을 해야 하는가.

이에 대해서는 다양한 관점이 있을 수 있는데 역내 국가 중에서 경제 발전 정도와 경제 규모, 나아가 동아시아 경제공동체를 절실히 필요로 하는 국민 경제라는 다양한 측면을 종합적으로 판단해 볼 때, 한국과 일본은 다른 어느 나라보다도 동아시아 경제공동체 형성을 위해 적극적인 노력을 해야 하는 입장에 있다고 생각된다. 이때 한국과 일본이 협력해 동아시아 경제공동체 추진을 결정할 경우, 한국과 일본은 무엇보다도 우선적으로 강력한 협력 체제를 구축할 필요가 있다. 그리고 한·일 양국의 가장 강력한 협력 형태가 바로 한·일 FTA를 맺는 일이다. 한·일 간에는 이미 FTA에 관한 기초 작업이 끝났으며 2005년 체결을 목표로 정부 간 협상이 시작됐다. 그러나 높은 필요성에도 불구하고 양국의 경제적 여건을 고려하면 결론에 도달하기까지는 극복해야 할 과제가 적지 않다.

널리 알려진 바와 같이 한국과 일본은 유사한 산업 구조를 지니고 있다. 이에 따라 원화와 엔화의 교환 비율 변화에 따라, 특히 한국의 대외 수출 증감은 민감한 반응을 보이고 있다. 1985년 9월의 플라자 합의에 의해 엔화 가치가 단숨에 40% 정도 절상됐을 때 한국의 수출은 급증했다. 반면, 1995년 4월에 일본 정책 당국이 미·일 합의를 토대로 이자율을 떨어뜨림으로써 큰 폭의 엔화 약세를 유도하기 시작하자 한국의 경상수지 적자는 급속도로 확대됐고, 급기야는 IMF에 구제금융을 요청하게 되었다.

이와 같이 한·일 간에는 경제 구조 면에서 강한 경쟁적 관계가 존재한다. 그렇다면 한·일 간에 내재돼 있는 관세, 비관세 장벽을 철저하게 제거하는 것을 의미하는 자유무역지대의 창설을 어떻게 추진하느냐에 따라 이러한 대립적 경제 구조를 합리적으로 조정, 완화하고 나아가 한·일 양국 모두 원-원할 수 있을 것인가. 이러한 과제에 대한 올바른 접근을 위해서는 무엇보다도 한·일 각각의 비교우위 구조 내지는 양국 간 경제 관계에 대한 정확한 평가에서부터 시작할 필요가 있다.

한국의 비교우위 구조를 보면 대략적으로 숙련 노동 집약적 중화학공업 제품과 반도체를 비롯한 일부 대량 생산형 첨단 기술 제품에 비교우위를 가지고 있으며, 기술 집약적 다품목 소량 생산형 제품은 비교열위에 있다.[36] 한편 일본은 대부분 첨단 기술 제품에 비교우위를 가지고 있으며 또 일부 숙련 노동 집약적 제품도 여전히 높은 대외 경쟁력을 유지하고 있다. 반면, 적지 않은 숙련 노동 집약적 제품이 엔화 강세에 따른 국제적 고임금 구조에 의해 대외 경쟁력이 크게 약화됐음에도 불구하고 일본 특유의 복잡한 유통구조 내지는 형태의 불명확성, 다양한 성격의 비관세 장벽(실체가 명확하지 않지만 높은 내외 가격차에서 간접적으로 그 존재를 확인할 수 있다고 할 수 있다)에 의해 국내 시장에 온존하고 있다. 그 결과 비교우위 구조는 명확하지만 비교열위 구조는 명확하지 않다고 할 수 있다.

한국의 비교우위 상품의 상당 부분은 일본에서 들여온 기자재

36_ 한국이 그러한 성격의 제품을 많이 수입하고 있음을 의미한다.

와 원자재를 투입해 만들기 때문에 한국의 대일 수입품은 가격 비탄력적이라 할 수 있다. 한편, 한국의 대일 수출품은 가격 탄력성이 매우 높다. 현재 제3국과의 경쟁은 물론 해당 일본 제품과도 경쟁해야 하는데, 일본 제품과의 경쟁에서는 전술한 일련의 비관세 장벽 내지는 높은 물류비용 때문에 한국 제품이 일본 제품에 비해 적어도 30% 이상 가격을 낮추지 않으면 일본 제품과의 경쟁은 불가능한 상태다.[37] 때문에 한국 제품의 대일 수출은 좀처럼 늘어나지 않는 반면, 한국 상품의 세계 시장 수출이 증가하면 한국의 대일 수입도 늘어나게 된다. 이 상태에서 한·일 간에 자유무역협정이 체결돼 한·일 간에 관세가 철폐된다면, 한·일의 관세율 격차가 7~8%이기 때문에 한국 제품의 가격 경쟁력은 일본 제품보다 그만큼 더 약해진다.

한국 제품의 대일 수출은 변하지 않지만 일본 제품의 한국 수출은 증가해, 대일 무역 역조는 더 심화될 것임에 틀림없다. 이것은 단순한 대일 무역 역조를 확대시키는 데에 그치지 않고 발전 과정에 있는 한국의 첨단 산업에 타격을 준다. 이러한 것만을 생각하면 한·일 간 FTA는 좀처럼 합의하기 어려울 것이다.

그렇다면 이러한 문제를 극복하고 한국도 일본과의 자유무역

37_ 이 부분은 '일본 기업의 해외 사업 전개와 향후의 한·일 산업 협력의 가능성'(이시다 겐, '제18회 일한경제경영국제회의') 45페이지를 참조

지대 설정을 통해 이득을 얻고, 만족할 수 있는 방법은 없는 것일까. 이 점에 대해서는 일본의 통상 정책이 비관세 장벽을 철폐할 의지를 얼마만큼 가지고 있는지에 달려 있다고 생각된다. 그저 외형적인 비관세 장벽의 철폐가 아니라, 적어도 한·일 간 가격차를 없앨 정도로 비관세 장벽을 제거한다면 한국 상품의 대일 수출에 있어서 한국 비교우위 상품의 일본 상품에 대한 비교우위도가 더욱 선명해져, 대일 수출을 더욱 증가시킬 수 있다.[38] 이렇게 되면 그것은 해당 산업의 대일 수출 증가에 그치지 않고, 한국 상품의 대일 수출 증가에 의해 경영 압박을 받는 일본의 해당 산업이 살아남기 위해 한국에 대한 직접 투자에 나서게 될 것이다. 이와 같은 전개를 통해 자유무역지대 창설에 의해 기대되는 선순환으로 유도해 나갈 수 있을 것이다. 요컨대 한·일 FTA 창설을 동해 관세, 비관세가 철저하게 폐지된다면 기대되는 당연한 효과로서 한·일 간에 각각의 비교우위도가 보다 선명히 나타나고, 이를 통해 양국 간 분업이 심화돼 갈 것이다.

이렇게 되는 과정에서 한·일 간에는 몇 가지 변화가 발생할 것으로 예상된다.

첫째, 생산요소의 재배치 내지는 산업 조직의 재편성이다. 즉,

---

[38] 유사한 제품에서 한국의 가격보다 일본의 가격이 훨씬 높은 경우가 적지 않다.

일본의 비교우위 산업의 생산지는 한국으로 이전될 것이다. 그렇게 되면 일본이 비교열위에 있지만 아직 한국에서는 비교우위에 있는 산업에서 해당 한국 기업의 경쟁력이 보다 높아지고, 이에 따라 일본에서의 생산이 축소되기 때문에 한국 해당 산업의 대일 수출이 증가할 것이다. 해당 산업에서 한국 기업의 대외 경쟁력이 높아지는 메커니즘은 일본의 대한對韓 투자 진출에 의해 한국 해당 산업의 경쟁이 치열해짐과 동시에 일본 기업에 축적돼 있는 생산 기술이 한국 기업으로 이전됨으로써 그렇게 될 것이다.

한편, 일본의 비교우위 산업은 한국의 관세 및 비관세 장벽 철폐에 의해 한국에서 그 비교우위도가 더 높아지고, 해당 산업의 한국 시장 점유율이 높아질 것이다. 이때 한·일 간에 노동의 이동이 자유로워져 해당 부문에 종사하던 연구, 기술 인력이 일본 기업에 흡수되면 자유무역지대 창설에 의해 자본, 노동을 포함한 전체적인 생산요소의 활용도를 높일 수 있게 된다.

둘째, 이러한 생산요소의 재배치 혹은 산업 조직의 재편성 과정에서 특정 산업별 표준화가 자연스럽게 결정될 것이다. 동아시아 차원에서 생각하면 한·일 간에 특정 제품에서 표준화가 결정된다는 것은 사실상 동아시아 시장의 표준이 정해짐을 의미할 가능성이 높다. 그것은 결과적으로 한국과 일본의 산업 제품이 세계적 표준품이 될 가능성이 높아진다는 것이다. 그러나 현재는 한·일 간에 산업 구조의 유사성으로 조선, 반도체 등 각종 분야에서 과잉 생산 능력, 이로 인한 과잉 경쟁, 나아가 가격 인하 경쟁이 발생해 한·일 양국의 각 제품에서 교역 조건을 악화시키는 경우가 많다.

한·일 간 자유무역지대가 창설되면 관세, 비관세 장벽 철폐에 따라 초기 단계에는 보다 경쟁이 치열해질 것이다. 그러나 그 과정을 거쳐 양국 각 산업 분야의 한계 기업이 경쟁 과정에서 도태하므로, 자연스럽게 과잉 생산 능력 문제가 해결될 것이다. 이렇게 되면 과당 경쟁에 의한 가격 인하 경쟁도 그만큼 약화되므로, 이를 통해 한국과 일본의 교역 조건이 개선될 것이다.

한·일 간 자유무역지대 창설에 의해 이상과 같은 메커니즘을 보다 강력하게 작동시키는 하나의 강력한 정책 수단은 다름 아닌 환율이다. 한·일 간에 지금보다 큰 경상수지 불균형이 발생하는 것은 양국의 건전한 경제 발전이라는 관점에서 바람직하지 않다. 적정 수준을 넘는 불균형이 발생해 역조가 확대됐을 때, 양국의 정책 조정을 통해 환율 가치를 절하한다면 대체적으로 불균형은 축소될 것이다. 이 점에 대해서는 전술한 바와 같이 한·일 간에 풍부한 경험적 사례가 있으므로 틀림없다 할 수 있다.

한·일 FTA 창설은 그것만으로도 한국과 일본 각각에 자극을 줌으로써 투자 증가를 가져다 주고, 양국이 현재의 국내 시장 침체를 극복하는 데 유리하게 기능할 것으로 생각된다. 하지만 이와 동시에 한·일 FTA는 그것에 그치지 않고 전술한 바와 같이 동아시아 경제공동체 형성을 위한 추진 주체로서 역할을 하도록 해야 할 것이다.

한·일 FTA에 의해 어쩌면 대일 무역역조 확대, 나아가 한국의 고부가가치 산업에 대한 타격만이 나타나고 한·일 간에 오히려 긴장이 높아지는 일이 발생할 가능성이 없다고 단언할 수는 없다. 이것을 피하고 확대 균형으로 이끄는 것이 다름 아닌 동아시아 경제공동체 형성을 위한 한·일 간 협력이다. 동아시아 경제공동체 형성 과정에서 한·일 간 협력을 통해 추진해야 하는 프로젝트는 전술한 바와 같이 많다. 한·일 FTA의 체결이 한·일 간 경제를 긴밀하게 만든다는 사실은 틀림없으므로, 한·일 양국 기업들이 각각의 비교우위를 살리는 형태의 프로젝트를 꾸준히 추진해 나가면 전체적으로 한·일 간에 확대 균형을 달성해 나갈 수 있을 것이다. 그렇게 되면 한·일 FTA에 의해 부분적으로 마이너스 효과가 발생한다 해도 전체적으로 플러스 효과가 더 크다면 한·일 FTA는 제대로 뿌리내릴 것이다. 한·일 FTA가 뿌리내린다면 중장기적으로 당초 기대한 긍정적 경제 효과를 발생시켜 나갈 것임이 틀림없다고 생각한다.

윈-윈을 기대하며

유럽, 미국이 EU, NAFTA 등 경제 블록을 형성해 역외와 차별적인 경제 활동을 시작함에 따라 경제 블록이 없는 한국이나 일본 같은 나라들은 다양한 면에서 불이익을 받을 수밖에 없다.

특히 한국과 일본은 인구 대비 좁은 국토 면적, 지하자원의 부족 등 주어진 여건의 특수성으로 인해 대외 지향적 성장을 필요로 하므로 대외활동의 핸디캡을 무슨 수를 써서라도 극복해야 한다. 그러한 의미에서 우리 지역도 방어적 차원에서 동아시아 경제공동체 형성을 필요로 한다는 것에 대해서는 대략적인 공감대가 형성됐다고 할 수 있다.

그러나 경제공동체 형성의 필요성에는 공감하면서도 구체적으로 추진하고자 할 때 국가와 국가 간에 존재하는 이해관계 조정이 쉽지 않아 좀처럼 진전되지 않고 있는 것도 부정할 수 없는 현실이다.

한·일 정부 간 FTA 협상은 이미 2003년 12월에 시작됐다. 합의에 도달하기 위해서는 어떻게 추진해 나가는 것이 바람직한지, 이때 무엇보다도 큰 전제는 그것이 단기든 장기든 한쪽 국가만 이익을 얻을 수 있는 형태여서는 안 되며 원-원 게임이 되도록 해야 한다는 것이다.

다행히 한·일 간에는 한·일 간 가격차의 존재로부터 알 수 있듯이 관세는 말할 필요도 없고 비관세 장벽을 본격적으로 없애면 한·일 양국의 비교우위 구조가 확실히 나타나고, 그것을 바탕으로 분업을 심화시키면 미시적 차원은 차치하더라도 거시적 차원에서는 원-원 게임이 될 것으로 생각된다.

또한 한·일 FTA 체결의 목적은 단순히 양국 간 공동체 시장을 창출하는 것이 아니라, 한·일 FTA가 동아시아 경제공동체의 기초가 되도록 해야 한다. 한·일 양국이 FTA라는 강력한 협력 체제를 구축하고 한·일 FTA가 동아시아 경제공동체 추진을 위한 주체적 역할을 할 수 있도록 하는 것이, 바로 한·일 간 FTA가 뿌리내리도록 하는 것임을 확실하게 인식할 필요가 있다.

요컨대 한·일 FTA든 동아시아 경제공동체든, 그것을 성공시키기 위해서는 그 형성을 통해 얻어지는 이익을 어떻게 나눠 가질 수 있는지를 사전에 진지하게 고민하는 것이 성공의 핵심이라 할 수 있을 것이다.

일본을 어떻게 볼 것인가

제1판 1쇄 인쇄 | 2014년 12월 2일
제1판 1쇄 발행 | 2014년 12월 10일

지은이 | 이종윤
펴낸이 | 고광철
펴낸곳 | 한국경제신문 한경BP
편집주간 | 전준석
편집 | 한경준
기획 | 김건희 · 이지혜
홍보 | 정명찬 · 이진화
마케팅 | 배한일 · 김규형
디자인 | 김홍신

주소 | 서울특별시 중구 청파로 463
기획출판팀 | 02-3604-553~6
영업마케팅팀 | 02-3604-595, 583 FAX | 02-3604-599
H | http://bp.hankyung.com   E | bp@hankyung.com
T | @hankbp   F | www.facebook.com/hankyungbp
등록 | 제 2-315(1967. 5. 15)

ISBN 978-89-475-2990-7   03320